한자쓰기연습

사자성어를 중심으로

상기숙 · 한운진 편저

신아사

머리말

한자는 너무 획수가 많아 쓰기에도 어렵고 일일이 音(음)과 訓(훈)을 익혀야 하기에 배움에 있어 많은 어려움이 뒤따른다. 그럼에도 불구하고 우리 단어의 70% 이상이 한자어로 이루어져 있으므로 올바른 언어생활을 하기 위해서는 올바른 한자의 이해가 필수적이라 할 수 있다. 더구나 우리나라와 인접해 있는 중국은 물론 일본도 한자를 사용하고 있으니 외국어교육면에서도 큰 효과를 거둘 수 있으리라고 생각된다.

이 책은 四字成語(사자성어)를 중심으로 漢語拼音(한어병음)과 聲調(성조), 음과 훈, 筆順(필순), 部首(부수), 總劃(총획), 뜻과 출처 등을 내용으로 구성하였다.

한자는 획수가 많아 눈으로만 익히고 손으로 익히지 않으면 쓸 수도 없고 기억나지도 않으므로 자주 손으로 써서 익혀야만 좋은 성과를 거둘 수 있다. 특히 한자 쓰기에 있어 주의할 점은 필순이다. 필순이란 하나의 글자를 쓰는 순서로 한자를 쓰는 차례라고 할 수 있다. 필순은 오랜 동안 글자를 써오는 중에 굳어진 순서로 합리적으로 되어 있다. 그러나 글자에 따라 필순은 반드시 한 가지만은 아니고 세월에 따라 변하기도 한다.

한자는 필순에 맞게 써야 자획이 자연스러워 빨리 쓸 수 있고 글자의 모양도 제대로 갖추어진다는 점에서 반드시 이를 익혀야 한다.

이 책의 성격은 최근 사회적으로 한자 학습에 대한 관심이 고조되는 배경 아래 한자능력검정시험 수험서와 한자 및 중국어 학습서 기능을 겸비한 쓰기 연습이라 하겠다. 나아가 선인의 지혜가 담긴 사자성어를 중심으로 한자를 쉽게 효과적으로 익히고 올바로 쓸 수 있도록 하는 데 중점을 두고 편집한 교재이다. 일상생활에서 보편적으로 쓰이는 사자성어를 선별하여 그에 얽힌 典故(전고)를 알기 쉽게 풀이하여 소개함으로써 이를 통해 실생활에 응용하는 한편 품성을 함양하고 삶의 지혜를 얻도록 하였다.

이 책의 특징은 다음과 같다.

1. 사자성어를 중심으로 한자의 음과 훈을 익히도록 하였고, 훈은 주로 <한국어문회>의 규정을 참조하였다.
2. 각 글자마다 한어병음과 성조를 달아 중국어 학습에도 도움이 되도록 하였다.
3. 필순을 두어 정확하게 한자를 쓸 수 있도록 하였고, 그 획순에 따라 글자를 여러 번 반복하여 쓰기 연습을 할 수 있도록 하였다.
4. 자전을 찾아보기 쉽게 부수와 총획수를 밝혀 두었다.
5. 사자성어의 뜻과 출처, 유의어 · 반의어 등을 밝혔다.
6. 이 책은『대학생을 위한 한자와 한문의 이해』(상기숙 · 한운진 공저, 신아사, 2006)의 개정판『한자와 한문의 이해』의 출판을 계기로 편집에서 제외된 <사자성어편>을 참조하였음을 밝힌다.

마지막으로 이 책의 출판에 앞서 항상 국내외의 문화발전을 위해 오랜 전통과 함께 불철주야 애쓰시는 신아사 鄭鉉杰(정현걸) 사장님, 韓圭甲(한규갑) 상무님과 金金蘭(김금란) 실장님께 깊은 감사를 드리며 그 외 편집자의 노고에도 두루두루 고마움을 표한다.

2010년 1월 29일
새해의 잔설 쌓인 가야산 자락, 인문관에서
편저자 삼가 씀

한자쓰기연습

사자성어를 중심으로

佳 jiā	丿 亻 仁 仕 件 佳 佳 佳 아름다울 가【亻】－총8획
人 rén	丿 人 사람 인【人】－총2획
薄 bó	薄 엷을 박【艹】－총17획
命 mìng	丿 人 亼 今 合 合 命 命 목숨 명【口】－총8획
刻 kè	刻 새길 각【刂】－총8획
骨 gŭ	骨 뼈 골【骨】－총10획
難 nán	難 어려울 난【隹】－총19획
忘 wàng	丶 亠 亡 亡 忘 忘 忘 없어질 망【心】－총7획
刻 kè	刻 새길 각【刂】－총8획
舟 zhōu	丿 亻 冂 冂 舟 舟 배 주【舟】－총6획
求 qiú	一 十 寸 才 求 求 求 구할 구【氺】－총7획
劍 jiàn	劍 칼 검【刂】－총15획

- 佳人薄命 : 아름다운 사람은 운명이 가혹하고 기박하다. 재주가 많고 출중한 사람의 운명이 평탄하지 않을 때 쓰이는 말.
- 刻骨難忘 : 남의 은혜에 대한 고마운 마음이 깊이 새겨져 잊혀지지 않음을 말함.
- 刻舟求劍 : 칼을 물 속에 떨어뜨리고 배에 떨어진 위치를 표시하여 그 칼을 찾으려고 했다는 중국 고사에서 나온 말로 어리석고 단편적인 태도를 말함.

肝	gān	간 간【月】-총7획
膽	dǎn	쓸개 담【月】-총17획
相	xiāng	서로 상【目】-총9획
照	zhào	비칠 조【灬】-총13획
干	gàn	방패 간【干】-총3획
將	jiàng	장수 장【寸】-총11획
莫	mò	말 막【艹】-총11획
耶	yé	어조사 야【耳】-총9획
甘	gān	달 감【甘】-총5획
言	yán	말씀 언【言】-총7획
利	lì	이로울 리【刂】-총7획
說	shuō	말씀 설【言】-총14획

- 肝膽相照 : 자신의 간과 쓸개를 서로 내놓고 보여 주듯이 서로의 속마음을 터놓고 가까이 사귄다는 말로 서로 상대방의 가슴속까지 이해하는 친구.
- 干將莫耶 : 吳의 刀工 간장이 임금을 위하여 아내 막야와 협력해서 만들었다는 한 쌍의 명검, 나아가 명검의 별칭.
- 甘言利說 : 남의 비위를 맞추기 위해 달콤한 말로 꾸밈.

甘 gān	一十廾廿甘 달 감【甘】-총5획
呑 tūn	一二チ天天呑呑 삼킬 탄【口】-총7획
苦 kǔ	一十十廾廾苹苹苦苦 쓸 고【艹】-총9획
吐 tǔ	丨口口叶吐 토할 토【口】-총6획
甲 jiǎ	丨冂日日甲 갑옷 갑【田】-총5획
男 nán	丨冂日田田甲男 사내 남【田】-총7획
乙 yǐ	乙 새 을【乙】-총1획
女 nǚ	人女女 계집 녀【女】-총3획
改 gǎi	㇕コ己己'改改改 고칠 개【攴】-총7획
過 guò	丨冂冃冎咼咼咼咼咼過過過過 지날 과【辶】-총13획
遷 qiān	一冖襾襾覀覀覀要要要要䙴䙴遷遷遷 옮길 천【辵】-총16획
善 shàn	丶丷䒑兰羊羊羊盖善善善 착할 선【口】-총12획

- 甘呑苦吐 : 달면 삼키고 쓰면 뱉는다는 뜻으로 자기 비위에 맞거나 이익이 되면 좋아하고, 조금이라도 손해가 되면 싫어하는 약삭빠른 태도를 말함.
- 甲男乙女 : 신분이나 이름이 특별히 알려지지 않은 보통의 평범한 사람들.
- 改過遷善 : 지난 날의 허물을 고치고 착하게 됨.

去	qù	갈 거【厶】–총5획
頭	tóu	머리 두【頁】–총16획
截	jié	끊을 절【戈】–총14획
尾	wěi	꼬리 미【尸】–총7획
乾	qián	하늘 건【乙】–총11획
坤	kūn	땅 곤【土】–총8획
一	yí	한 일【一】–총1획
擲	zhì	던질 척【手】–총18획
乞	qǐ	빌 걸【乙】–총3획
骸	hái	뼈 해【骨】–총16획
骨	gǔ	뼈 골【骨】–총10획

- 去頭截尾 : 머리와 꼬리 부분을 모두 잘라 버린다는 뜻으로 앞뒤의 불필요한 부분은 빼고 요점만 남기고 말함.
- 乾坤一擲 : 하늘과 땅을 한 번에 내던지는 모험을 걸어 단판에 승부를 건다는 뜻으로 운명을 걸고 승부를 겨루는 매우 위급한 상황을 뜻함.
- 乞骸骨 : 해골을 빈다는 뜻으로 늙은 재상이 나이가 많아 조정에 나오지 못하게 될 때 임금에게 그만두기를 奏請함을 이르는 말.

格	gé	격식 격【木】-총10획
物	wù	만물 물【牛】-총8획
致	zhì	이를 치【至】-총10획
知	zhī	알 지【矢】-총8획
隔	gé	막을 격【阜】-총13획
世	shì	인간 세【一】-총5획
之	zhī	어조사 지【丿】-총4획
感	gǎn	느낄 감【心】-총13획
牽	qiān	끌 견【牛】-총11획
强	qiáng	굳셀 강【弓】-총12획
附	fù	붙을 부【阜】-총8획
會	huì	모일 회【曰】-총13획

- 格物致知 : 朱子의 설은 사물의 이치를 연구하여 후천적인 지식을 명확히 하는 것이며, 王陽明의 설은 낱낱의 사물에 존재하는 마음을 바로잡고 선천적인 良知를 갈고 닦는 것을 일컬음.
- 隔世之感 : 그리 오래지 않은 동안에 풍속이 아주 많이 바뀌어서 딴 세상이 된 것 같은 느낌.
- 牽强附會 : 자기 입장을 유리하게 내세우기 위해 어떤 말을 끌어다가 억지 논리에 맞추는 것.

見 jiàn	丨 冂 月 月 目 貝 見　볼 견【見】－총7획
利 lì	一 二 千 禾 禾 利 利　이로울 리 【刀】－총7획
思 sī	丨 冂 日 田 田 田 思 思 思　생각할 사【心】－총9획
義 yì	丶 丷 丷 亠 䒑 羊 羊 羊 美 美 義 義 義　옳을 의【羊】－총13획
犬 quǎn	一 ナ 大 犬　개 견【見】－총7획
馬 mǎ	丨 厂 F F 馬 馬 馬 馬 馬 馬　말 마【馬】－총10획
之 zhī	丶 亠 ㇇ 之　어조사 지【丿】－총4획
勞 láo	丶 丷 火 火 火 炏 炏 炏 炏 炏 勞 勞　일할 로【力】－총12획
見 jiàn	丨 冂 月 月 目 貝 見　볼 견【見】－총7획
物 wù	丿 ㄏ 牛 牛 牜 牞 物 物　만물 물【牛】－총8획
生 shēng	丿 ㄏ 𠂉 牛 生　날 생【生】－총5획
心 xīn	丶 心 心 心　마음 심【心】－총4획

- 見利思義 : 이익을 당하여 의를 생각함.
- 犬馬之勞 : 남을 위하여 애쓰는 자기 노력의 겸칭.
- 見物生心 : 전혀 욕심이 없다가도 실물을 직접 눈앞에 보면 욕심이 생기게 된다는 말.

犬	quǎn	一ナ大犬	개 견【見】－총7획
猿	yuán	ノ 丿 犭 犭 犲 犾 狆 狌 狤 猿	원숭이 원【犬】－총13획
之	zhī	' ㅗ ㄋ 之	어조사 지【ノ】－총4획
間	jiān	丨 ㄏ ㄕ 尸 尸 門 門 門 門 問 間 間	사이 간【門】－총12획
結	jié	𠃋 幺 幺 糸 糸 糸 糸 紅 紅 紸 結 結	맺을 결【糸】－총12획
者	zhě	一 十 土 耂 耂 者 者 者	놈 자【自】－총6획
解	jiě	ノ ク 介 角 角 角 角 觧 觧 觧 觧 解 解	풀 해【角】－총13획
之	zhī	' ㅗ ㄋ 之	그것 지【ノ】－총4획
結	jié	𠃋 幺 幺 糸 糸 糸 紅 紅 紸 結 結	맺을 결【糸】－총12획
草	cǎo	一 十 艹 艹 艹 芇 苩 苩 荁 草	풀 초【艸】－총10획
報	bào	一 十 土 キ 去 幸 幸 幸 幸 郣 郣 報	갚을 보【土】－총12획
恩	ēn	丨 冂 冃 冈 因 因 因 恩 恩 恩	은혜 은【心】－총10획

- 犬猿之間 : 개와 원숭이 사이처럼 사이가 매우 나쁜 관계.
- 結者解之 : 맺은 자가 푼다는 뜻으로 자신이 저지른 일은 자신이 해결해야 함.
- 結草報恩 : 은혜를 입은 사람이 죽어 혼령이 되어서도 풀포기를 묶어 놓아 적이 걸려 넘어지게 만들어 위험을 피할 수 있게 해줬다는 고사에서 나온 말로 반드시 은혜를 갚는다는 말임.

輕	qīng	一 ㄏ 币 币 亘 亘 車 車 車 輕 輕 輕 輕 輕	가벼울 경【車】－총14획
擧	jǔ	ˊ ㄏ ㅌ ㅌ ㅌ ㅌ 臼 臼 臼 臼 臼 與 與 與 與 與 擧 擧	들 거【手】－총18획
妄	wàng	' 亠 亡 妄 妄 妄	망령될 망【女】－총6획
動	dòng	一 二 亍 肓 肓 盲 亘 重 重 動 動	움직일 동【力】－총11획

傾	qīng	丿 亻 化 化 化 化 佢 傾 傾 傾 傾 傾 傾	기울 경【人】－총13획
國	guó	丨 冂 冂 冂 冋 冋 囗 國 國 國 國	나라 국【囗】－총11획
之	zhī	' 亠 ㄋ 之	어조사 지【丿】－총4획
色	sè	丿 ㄅ 乌 乌 乌 色	빛 색【色】－총6획

敬	jìng	一 十 卄 卄 艹 芍 芍 苟 苟 敬 敬 敬 敬	공경할 경【攴】－총13획
而	ér	一 ㄒ 丆 丙 而 而	말이을 이【而】－총6획
遠	yuǎn	一 十 土 圭 吉 吉 吉 吉 袁 袁 袁 遠 遠 遠	멀 원【辵】－총14획
之	zhī	' 亠 ㄋ 之	그것 지【丿】－총4획

- 輕擧妄動 : 가볍고 망령되게 행동한다는 뜻으로 도리나 사정을 생각하지 아니하고 경솔하게 행동함을 가리킨다.
- 傾國之色 : 한 나라를 위기에 빠뜨리게 할 만한 미인이라는 뜻. 썩 뛰어난 미인.
- 敬而遠之 : 존경하되 멀리함. 공경하되 가까이하지 않음.

驚	jīng	놀랄 경【馬】 –총23획
天	tiān	하늘 천【大】 –총4획
動	dòng	움직일 동【力】 –총11획
地	dì	땅 지【土】 –총6획
鷄	jī	닭 계【鳥】 –총21획
口	kǒu	입 구【口】 –총3획
牛	niú	소 우【牛】 –총4획
後	hòu	뒤 후【彳】 –총9획
鷄	jī	닭 계【鳥】 –총21획
鳴	míng	울 명【鳥】 –총14획
狗	gǒu	개 구【犬】 –총8획
盜	dào	도적 도【皿】 –총12획

- 驚天動地 : 세상을 몹시 놀라게 함.
- 鷄口牛後 : 닭의 부리가 될지언정 소꼬리는 되지 말라는 뜻으로 곧 큰 집단의 말석보다는 작은 집단의 우두머리가 낫다는 말.
- 鷄鳴狗盜 : 닭의 울음소리를 내고 개구멍으로 물건을 훔치는 따위의 변변치 못한 재주, 또는 미천하고 못생긴 사람이라도 한 가지 재주만 있으면 자신은 물론 남도 도울 수 있다는 뜻이다. 때로 군자가 배워서는 안 되는 천한 재주를 가진 사람을 뜻하기도 함.

孤	gū	외로울 고【子】－총8획
立	lì	설 립【立】－총5획
無	wú	없을 무【火】－총12획
援	yuán	도울 원【手】－총12획
鼓	gǔ	북칠 고【鼓】－총13획
腹	fù	배 복【肉】－총13획
擊	jī	칠 격【手】－총17획
壤	rǎng	흙 양【土】－총20획
苦	kǔ	쓸 고【艹】－총9획
肉	ròu	고기 육【肉】－총6획
之	zhī	어조사 지【丿】－총4획
策	cè	꾀 책【竹】－총12획

- 孤立無援 : 고립되어 구원을 받을 데가 없음.
- 鼓腹擊壤 : 배를 두드리고 땅을 치며 박자를 맞춰 태평세월을 노래한다. 세상이 태평하고 의식이 풍부해서 나라에 근심이 없고 백성이 편안하게 잘 사는 것을 말함.
- 苦肉之策 : 적을 속이기 위하여 자신의 희생을 무릅쓰고 꾸미는 계책＝苦肉之計.

孤	gū	외로울 고【子】－총8획
掌	zhǎng	손바닥 장 【手】－총12획
難	nán	어려울 난【隹】－총19획
鳴	míng	울 명【鳥】－총14획
苦	kǔ	쓸 고【艹】－총9획
盡	jìn	다할 진【皿】－총14획
甘	gān	달 감【甘】－총5획
來	lái	올 래【人】－총8획
曲	qū	굽을 곡【曰】－총6획
學	xué	학문 학【子】－총16획
阿	ē	아첨할 아【阜】－총8획
世	shì	인간 세【一】－총5획

- 孤掌難鳴 : 한쪽 손뼉은 울리지 못한다는 뜻. 혼자서는 일을 이루기가 어려움. 맞서는 이가 없으면 싸움이 되지 않음＝獨掌難鳴.
- 苦盡甘來 : 쓴 것이 다하면 단 것이 온다는 뜻으로 온갖 고생과 괴로움을 참고 견디고 나면 반드시 기쁨이 온다는 말.
- 曲學阿世 : 학문을 굽히어 世俗에 아첨한다는 뜻으로 正道를 벗어난 학문으로 세상 사람에게 아첨함을 이르는 말.

骨	gǔ	뼈 골【骨】−총10획
肉	ròu	고기 육【肉】−총6획
相	xiāng	서로 상【目】−총9획
殘	cán	쇠잔할 잔【歹】−총12획
空	kōng	빌 공【穴】−총8획
中	zhōng	가운데 중【丨】−총4획
樓	lóu	다락 루【木】−총15획
閣	gé	큰집 각【門】−총14획
誇	kuā	자랑할 과【言】−총13획
大	dà	큰 대【大】−총3획
妄	wàng	망령될 망【女】−총6획
想	xiǎng	생각 상【心】−총13획

- 骨肉相殘 : 부자 · 형제 · 숙질 등 가까운 친족끼리 서로 해침.
- 空中樓閣 : 하늘 위에 지은 다락, 허공에 집을 짓는 것처럼 믿을 만한 근거나 현실적인 밑바탕이 전혀 없이 이루어진 일이나 사물을 일컬음.
- 誇大妄想 : 자신을 너무 과대하게 믿는 망상.

過	guò	지날 과【辶】-총13획
猶	yóu	같을 유【犬】-총12획
不	bù	아니 불【一】-총4획
及	jí	미칠 급【又】-총4획
瓜	guā	오이 과【瓜】-총5획
田	tián	밭 전【田】-총5획
李	lǐ	오얏 리【木】-총7획
下	xià	아래 하【一】-총3획
管	guǎn	대롱 관【竹】-총14획
鮑	bào	사람이름 포【魚】-총16획
之	zhī	어조사 지【丿】-총4획
交	jiāo	사귈 교【亠】-총6획

- 過猶不及 : 정도를 지나침은 미치지 못하는 것과 같다. 지나치지도 모자라지도 않는 中庸을 강조한 것.
- 瓜田李下 : 오이 밭에서 신을 고쳐 신지 말고, 오얏나무 아래서 갓을 고쳐 쓰지 말라는 뜻으로 의심받을 짓은 처음부터 하지 말라는 말.
- 管鮑之交 : 管仲과 鮑叔牙의 뜨거운 우정. 영원히 변치 않고 서로 믿는 친구 사이의 두터운 우정을 말함.

刮	guā	一 二 千 千 舌 舌 刮 刮	비빌 괄	【刀】 –총8획
目	mù	丨 冂 月 月 目	눈 목	【目】 –총5획
相	xiāng	一 十 才 木 机 相 相 相 相	서로 상	【目】 –총9획
對	duì	丨 丨丨 丨丨丨 ... 對 對	대할 대	【寸】 –총14획
矯	jiǎo	ノ 𠂉 二 午 矢 ... 矯 矯 矯	바로잡을 교	【矢】 –총17획
角	jiǎo	ノ 𠂊 ⺈ 角 角 角 角	뿔 각	【角】 –총7획
殺	shā	ノ メ 㐅 ... 殺 殺	죽일 살	【殳】 –총11획
牛	niú	ノ 𠂉 二 牛	소 우	【牛】 –총4획
巧	qiǎo	一 丅 工 工 巧	교묘할 교	【工】 –총5획
言	yán	一 二 三 言 言 言 言	말씀 언	【言】 –총7획
令	lìng	ノ 人 今 今 令	명령할 · 하여금 령	【人】 –총5획
色	sè	ノ 𠂊 ⺈ 乌 乌 色	빛 색	【色】 –총6획

- 刮目相對 : 눈을 비비고 상대를 대한다는 뜻으로 학식이나 재주가 전에 비하여 딴 사람으로 볼 만큼 진보한 것을 일컫는 말.
- 矯角殺牛 : 쇠뿔을 고치려다가 오히려 소를 죽인다는 뜻으로 작은 일에 신경을 쓰다가 큰일을 망치는 것을 말함.
- 巧言令色 : 겉모양은 번지르르 하지만 속엔 진실성이 없다는 말.

教	jiào	가르칠 교【攴】-총11획
學	xué	학문 학【子】-총16획
相	xiāng	서로 상【目】-총9획
長	zhǎng	어른 장【長】-총8획
口	kǒu	입 구【口】-총3획
蜜	mì	꿀 밀【虫】-총14획
腹	fù	배 복【肉】-총13획
劍	jiàn	칼 검【刂】-총15획
九	jiǔ	아홉 구【乙】-총2획
死	sǐ	죽을 사【歹】-총6획
一	yì	한 일【一】-총1획
生	shēng	날 생【生】-총5획

- 教學相長 : 가르쳐주거나 배우거나 모두 나의 학업을 증진시킨다는 뜻.
- 口蜜腹劍 : 입 속에는 꿀을 담고 뱃속에는 칼을 지녔다는 뜻으로 말로는 친한 체 하지만 속으로는 은근히 해칠 생각을 품고 있음을 비유하여 이르는 말.
- 九死一生 : 아홉 번 죽었다가 한 번 살아났다는 뜻으로 죽을 고비를 여러 번 겪었음을 이름.

口	kǒu	丨 冂 口　입 구【口】－총3획
尚	shàng	丨 八 ⺌ 尚　오히려 상【小】－총8획
乳	rǔ	乳　젖 유【乙】－총8획
臭	xiù	丶 丿 白 自 自 自 臭 臭　냄새 취【自】－총10획
九	jiǔ	丿 九　아홉 구【乙】－총2획
牛	niú	丿 𠂉 仁 牛　소 우【牛】－총4획
一	yì	一　한 일【一】－총1획
毛	máo	丿 二 三 毛　터럭 모【毛】－총4획
九	jiǔ	丿 九　아홉 구【乙】－총2획
折	zhé	一 十 扌 扩 折　꺾을 절【手】－총7획
羊	yáng	丶 丷 䒑 兰 羊　양 양【羊】－총6획
腸	cháng	丿 刀 月 月 肝 腸 腸　창자 장【肉】－총13획

- 口尙乳臭 : 입에서 아직 젖내가 난다는 뜻. 말이나 하는 짓이 아직 유치함.
- 九牛一毛 : 司馬遷의 「報任安書(임안에 보내는 글)」의 이야기. 아홉 마리 소에서 뽑아낸 털 한 개라는 뜻으로 아주 많은 가운데서 가장 적은 것을 말함.
- 九折羊腸 : 아홉 번 꺾어진 양의 창자라는 뜻으로 산길이 매우 험하게 꼬불꼬불한 것을 이름. 또 세상이 너무 복잡하여 살아가기 몹시 어렵다는 뜻으로도 쓰임.

舊	jiù	옛 구【臼】-총18획
態	tài	모양 태【心】-총14획
依	yī	의지할 의【人】-총8획
然	rán	그러할 연【火】-총12획
群	qún	무리 군【羊】-총13획
鷄	jī	닭 계【鳥】-총21획
一	yí	一 한 일【一】-총1획
鶴	hè	학 학【鳥】-총21획
君	jūn	임금 군【口】-총7획
子	zǐ	아들 자【子】-총3획
三	sān	석 삼【一】-총3획
樂	lè	즐길 락·좋아할 요【木】-총15획

- 舊態依然：옛 모양 그대로임.
- 群鷄一鶴：닭의 무리 속에 끼여 있는 한 마리 학이라는 뜻으로 평범한 사람들 가운데서 특히 뛰어난 사람을 말함.
- 君子三樂：군자에게는 세 가지 즐거움이 있다는 말. 父母俱存, 兄弟無故. 仰不愧於天, 俯不怍於人. 得天下英才, 而敎育之.

權	quán	권세 권【木】–총22획
謀	móu	꾀할 모【言】–총16획
術	shù	꾀 술【行】–총11획
數	shù	셀 수【攴】–총15획
權	quán	권세 권【木】–총22획
不	bù	아니 불【一】–총4획
十	shí	열 십【十】–총2획
年	nián	해 년【干】–총6획
勸	quàn	권할 권【力】–총20획
善	shàn	착할 선【口】–총12획
懲	chéng	징계할 징【心】–총19획
惡	è	악할 악 · 미워할 오【心】–총12획

- 權謀術數 : 자신의 목적을 이루기 위해서는 수단과 방법을 가리지 않고 사용함.
- 權不十年 : 권세는 10년을 가지 못함.
- 勸善懲惡 : 선을 권장하고 악을 징계함.

捲	juǎn	一 亅 扌 扌 扌 扌 扌 拃 拃 捲 捲	걷을·말 권	【手】	-총11획
土	tǔ	一 十 土	흙 토	【土】	-총3획
重	chóng	一 二 千 台 旨 旨 盲 重 重	무거울·거듭할 중	【里】	-총9획
來	lái	一 厂 厂 双 双 來 來 來	올 래	【人】	-총8획
克	kè	一 十 亠 古 古 克 克	이길 극	【儿】	-총7획
己	jǐ	一 コ 己	몸 기	【己】	-총3획
復	fù	ノ 彡 彳 彳 彳 彳 彳 彳 徂 復 復 復	돌아올 복·다시 부	【彳】	-총12획
禮	lǐ	一 二 亍 示 示 礻 礻 礻 禮 禮 禮 禮 禮 禮 禮 禮 禮 禮	예도 례	【示】	-총18획
近	jìn	一 厂 斤 斤 斤 沂 沂 近	가까울 근	【辵】	-총8획
墨	mò	丨 冂 冂 罒 罒 四 甲 里 里 黑 黑 黑 墨 墨 墨	먹 묵	【土】	-총15획
者	zhě	一 十 土 耂 耂 耂 者 者 者	놈 자	【自】	-총6획
黑	hēi	丨 冂 冂 罒 罒 四 甲 里 里 黑 黑 黑	검을 흑	【黑】	-총12획

- 捲土重來 : 흙먼지를 일으키는 형세로 다시 옴, 어떠한 일에 한 번 실패한 사람이 다시 세력을 만회하여 온다는 뜻임.
- 克己復禮 : 자기의 욕심을 버리고 예의범절을 따름.
- 近墨者黑 : 먹을 가까이 하면 검어진다는 뜻으로 사람은 주위 환경에 물들기 쉽다는 것을 말함.

金 jīn	丿人亼亼仐全金金 쇠 금【金】-총8획
蘭 lán	난초 란【艸】-총21획
之 zhī	丶亠ㄋ之 어조사 지【丿】-총4획
交 jiāo	丶亠六六亦交 사귈 교【亠】-총6획
錦 jǐn	비단 금【金】-총16획
上 shàng	丨卜上 위 상【一】-총3획
添 tiān	더할 첨【水】-총11획
花 huā	꽃 화【艸】-총8획
錦 jǐn	비단 금【金】-총16획
衣 yī	丶亠ナ衣衣衣 옷 의【衣】-총6획
夜 yè	丶亠广疒夜夜夜夜 밤 야【夕】-총8획
行 xíng	丿彳彳行行行 다닐 행・항렬 항【行】-총6획

- 金蘭之交 : 극히 친밀한 사귐을 이름. 두 사람의 마음이 합쳐지면 그 날카로움이 쇠를 자르고, 그 향기가 난초와 같다는 데서 유래.
- 錦上添花 : 비단 위에 꽃을 더한다는 뜻으로 좋은 일 위에 또 좋은 일이 겹쳐서 생겼음을 말함.
- 錦衣夜行 : 비단옷을 입고 밤길을 간다는 뜻으로 아무 보람없는 행동이나 立身出世하여 고향으로 돌아가지 않는 것.

錦	jǐn	비단 금【金】−총16획
衣	yī	옷 의【衣】−총6획
還	huán	돌아올 환【辶】−총17획
鄕	xiāng	시골 향【邑】−총13획
金	jīn	쇠 금【金】−총8획
枝	zhī	가지 지【木】−총8획
玉	yù	구슬 옥【玉】−총5획
葉	yè	잎 엽【艸】−총13획
起	qǐ	일어날 기【走】−총10획
死	sǐ	죽을 사【歹】−총6획
回	huí	돌아올 회【口】−총6획
生	shēng	날 생【生】−총5획

- 錦衣還鄕 : 벼슬하여 또는 성공하여 고향에 돌아옴.
- 金枝玉葉 : 금으로 된 가지와 옥으로 된 잎이라는 뜻. 왕의 가족을 높여 부르거나 귀여운 자손을 이르는 말.
- 起死回生 : 중병으로 죽을 뻔 하다가 다시 살아남.

氣	qì	기운 기【气】−총10획
盡	jìn	다할 진【皿】−총14획
脈	mài	맥 맥【肉】−총10획
盡	jìn	다할 진【皿】−총14획
騎	qí	말탈 기【馬】−총18획
虎	hǔ	범 호【虍】−총8획
之	zhī	어조사 지【丿】−총4획
勢	shì	형세 세【力】−총13획
奇	qí	기이할 기【大】−총11획
貨	huò	재물 화【貝】−총11획
可	kě	옳을 가【口】−총5획
居	jū	살 거【尸】−총8획

- 氣盡脈盡 : 기력과 정력이 다 빠져 가누지 못할 정도로 됨=氣盡力盡.
- 騎虎之勢 : 호랑이를 타고 달리는 기세. 중도에서 그만둘 수 없는 형세, 내친 걸음을 말함.
- 奇貨可居 : 진귀한 물건을 사 두었다가 훗날 큰 이익을 얻음, 좋은 기회를 기다려 큰 이익을 얻음. 훗날 이용할 수 있는 사람을 돌봐주며 기회가 오기를 기다림, 기회를 놓치지 않고 잡는 것.

落	luò	떨어질 락【艸】−총13획
落	luò	떨어질 락【艸】−총13획
長	cháng	긴 장【長】−총8획
松	sōng	솔 송【木】−총8획
洛	luò	물이름 락【水】−총9획
陽	yáng	볕 양【阜】−총12획
紙	zhǐ	종이 지【糸】−총10획
貴	guì	귀할 귀【貝】−총12획
難	nán	어려울 난【隹】−총19획
攻	gōng	칠 공【攴】−총7획
不	bú	아니 불【一】−총4획
落	luò	떨어질 락【艸】−총13획

- 落落長松 : 가지가 늘어진 키가 큰 소나무.
- 洛陽紙貴 : 낙양의 종이 값을 올리다라는 뜻으로 저서가 호평을 받아 베스트셀러가 됨을 이르는 말.
- 難攻不落 : 城 등이 공격하기 어려워 함락되지 아니함.

難	nàn	어려울 난【隹】-총19획
兄	xiōng	맏 형【儿】-총5획
難	nàn	어려울 난【隹】-총19획
弟	dì	아우 제【弓】-총7획
南	nán	남녘 남【十】-총9획
柯	kē	가지 가【木】-총9획
一	yí	한 일【一】-총1획
夢	mèng	꿈 몽【夕】-총14획
南	nán	남녘 남【十】-총9획
橘	jú	귤나무 귤【木】-총16획
北	běi	북녘 북【匕】-총5획
枳	zhǐ	탱자나무 지【木】-총9획

- 難兄難弟 : 누구를 형이라 하고 누구를 아우라 해야 할지 분간하기 어렵다는 뜻. 두 가지 것 사이의 우열이나 정도의 차이를 판단하기 어려움의 비유.
- 南柯一夢 : 남쪽 나뭇가지의 꿈, 덧없는 한때의 꿈. 인생의 덧없음을 비유.
- 南橘北枳 : 강남의 귤을 강북에 옮겨 심으면 탱자로 변한다는 뜻으로 사람은 환경에 따라 악하게도 되고 착하게도 된다는 말.

男 nán	丨 冂 日 田 田 男 男	사내 남【田】–총7획
負 fù	ノ ク 𠂊 缶 负 自 負 負 負	질 부【貝】–총9획
女 nǚ	㇛ 女 女	계집 녀【女】–총3획
戴 dài	一 十 土 土 吉 吉 吉 亩 亩 亩 亩 亩 畫 異 異 戴 戴 戴	일 대【戈】–총18획
囊 náng	一 ⼁ 口 叵 亩 亩 亩 亩 亩 ... 囊 囊 囊	주머니 낭【口】–총22획
中 zhōng	丨 冂 口 中	가운데 중【丨】–총4획
之 zhī	丶 亠 ㇇ 之	어조사 지【丿】–총4획
錐 zhuī	ノ 𠆢 亼 今 全 余 金 金 金 釒 釒 釒 鉡 錐 錐 錐	송곳 추【金】–총16획
內 nèi	丨 冂 冂 內	안 내【入】–총4획
憂 yōu	一 丆 丆 百 百 百 頁 頁 真 憂 憂 憂 憂 憂 憂	근심할 우【心】–총15획
外 wài	ノ ク 夕 外 外	밖 외【夕】–총5획
患 huàn	丨 口 口 吕 吕 吕 串 串 患 患 患	근심 환【心】–총11획

- 男負女戴 : 남자는 지고 여자는 인다는 뜻. 가난한 사람이 살 곳을 찾아 이리저리 떠돌아다님.
- 囊中之錐 : 주머니 속의 송곳이라는 뜻으로 유능한 사람은 어디에 숨어 있어도 그 실력이 주머니 속에 있는 송곳처럼 사람들의 눈에 뜨인다는 말.
- 內憂外患 : 안에도 밖에도 근심거리가 있다.

漢字	음	필순	뜻·음	부수	획수
內	nèi	丨 冂 内 內	안 내	【入】	-총4획
柔	róu	㇇ マ 予 矛 矛 柔 柔 柔 柔	부드러울 유	【木】	-총9획
外	wài	ノ ク タ 列 外	밖 외	【夕】	-총5획
剛	gāng	丨 冂 冂 門 門 岡 岡 岡 剛 剛	굳셀 강	【刀】	-총10획
老	lǎo	一 十 土 耂 老 老	늙을 로	【老】	-총6획
馬	mǎ	丨 厂 F 日 甲 馬 馬 馬 馬 馬	말 마	【馬】	-총10획
之	zhī	' 亠 ㇇ 之	어조사 지	【ノ】	-총4획
智	zhì	ノ 𠂉 ㇒ 矢 矢 矢 知 知 智 智 智 智	지혜 지	【日】	-총12획
老	lǎo	一 十 土 耂 老 老	늙을 로	【老】	-총6획
萊	lái	一 十 艹 艹 艹 芊 芊 芊 苹 萊 萊 萊	쑥 래	【艸】	-총12획
之	zhī	' 亠 ㇇ 之	어조사 지	【ノ】	-총4획
戱	xì	' ⺊ 广 广 卢 卢 虍 虍 虐 虐 虐 虛 虛 戱 戱 戱	희롱할 희	【戈】	-총16획

- 內柔外剛 : 속은 부드러우나 겉은 강하게 보임.
- 老馬之智 : 늙은 말의 지혜란 뜻으로 아무리 하찮은 것일지라도 저마다 장기나 장점을 지니고 있음을 이르는 말.
- 老萊之戱 : 周나라의 老萊子가 70세 때에 동자의 모습으로 부모에게 재롱을 부려 늙음을 잊게 해드린 일.

勞 láo	丶 丷 ⺌ 火 炏 炏 炏 炏 炏 𤇾 勞 勞 일할 로【力】-총12획
心 xīn	丶 心 心 心 마음 심【心】-총4획
焦 jiāo	ノ 亻 亻 亻 什 作 隹 隹 隹 焦 焦 焦 그을릴 초【火】-총12획
思 sī	丨 冂 冃 田 田 田 思 思 思 생각할 사【心】-총9획
綠 lǜ	幺 幺 幺 糸 糸 糸 糸 紀 紀 紓 紓 綠 綠 綠 푸를 록【糸】-총14획
林 lín	一 十 才 木 木 村 材 林 수풀 림【木】-총8획
綠 lǜ	幺 幺 幺 糸 糸 糸 糸 紀 紀 紓 紓 綠 綠 綠 푸를 록【糸】-총14획
衣 yī	丶 亠 ナ 衣 衣 衣 옷 의【衣】-총6획
紅 hóng	幺 幺 幺 糸 糸 糸 紅 紅 紅 붉을 홍【糸】-총9획
裳 shāng	丶 丷 ⺌ 尚 尚 尚 尚 尚 尚 堂 堂 堂 裳 裳 치마 상【衣】-총14획
壟 lǒng	亠 亠 立 立 音 音 音 音 音 音 龍 龍 龍 龍 龍 龍 龍 壟 壟 언덕 롱【土】-총19획
斷 duàn	幺 幺 幺 幺 丝 丝 丝 丝 丝 丝 丝 𢇍 𢇍 𢇍 斷 斷 斷 斷 끊을 단【斤】-총18획

- 勞心焦思 : 근심스럽고 걱정스러워서 안절부절 못하면서 몹시 애를 태움.
- 綠林 : 푸른 숲이란 뜻으로 도둑 떼의 소굴을 일컫는 말.
- 綠衣紅裳 : 연두색 저고리에 다홍색 치마라는 뜻으로 젊은 여인이 아름답게 치장한 모습을 보고 이르는 말.
- 壟斷 : (깎아 세운 듯이) 높이 솟아 있는 언덕이란 뜻으로 곧 이익을 독점하거나 재물을 독차지하는 것.

弄 nòng	一 二 干 王 王 弄 弄　희롱할 롱【廾】－총7획
瓦 wǎ	一 厂 兀 瓦 瓦　기와 와【瓦】－총5획
之 zhī	丶 亠 ナ 之　어조사 지【丿】－총4획
慶 qìng	丶 亠 广 户 户 声 声 声 声 唐 唐 唐 廖 廖 慶　경사 경【心】－총15획
弄 nòng	一 二 干 王 王 弄 弄　희롱할 롱【廾】－총7획
璋 zhāng	一 二 千 王 王' 王' 王' 王' 王 王 琣 琣 琣 璋 璋　반쪽홀 장【玉】－총15획
之 zhī	丶 亠 ナ 之　어조사 지【丿】－총4획
慶 qìng	丶 亠 广 户 户 声 声 声 声 唐 唐 唐 廖 廖 慶　경사 경【心】－총15획
累 lěi	丨 冂 日 田 田 田 罒 罒 罕 累 累　포갤 루【糸】－총11획
卵 luǎn	一 口 ㄈ 卯 卯 卯 卵　알 란【卩】－총7획
之 zhī	丶 亠 ナ 之　어조사 지【丿】－총4획
危 wēi	ノ ク 仁 产 危 危　위태할 위【卩】－총6획

- 弄瓦之慶 : 여자 아이를 낳은 기쁨.
- 弄璋之慶 : 남자 아이를 낳은 기쁨.
- 累卵之危 : 포개놓은 알처럼 몹시 위태로운 형세라는 뜻으로 일이나 상황이 안정되거나 평안하지 않고 언제 무너져서 깨어질지 모르는 염려스러운 형세를 가리킴.

陵 líng	언덕 릉【阜】－총11획
遲 chí	늦을 지【辵】－총16획
處 chù	곳 처【虍】－총11획
斬 zhǎn	벨 참【斤】－총11획
多 duō	많을 다【夕】－총6획
岐 qí	갈래질 · 갈림길 기【山】－총7획
亡 wáng	없어질 망【亠】－총3획
羊 yáng	양 양【羊】－총6획
多 duō	많을 다【夕】－총6획
多 duō	많을 다【夕】－총6획
益 yì	더할 익【皿】－총10획
善 shàn	착할 선【口】－총12획

- 陵遲處斬 : 대역죄를 범한 경우에 머리 · 몸 · 팔 · 다리를 토막쳐서 죽이는 극형.
- 多岐亡羊 : 갈림길이 많으면 양을 잃어버린다는 뜻으로 주장이나 정책들이 너무 많으면 소기의 목적을 성취하지 못한다는 말.
- 多多益善 : 많으면 많을수록 좋다는 뜻.

單	dān	홑 단【口】-총12획
刀	dāo	칼 도【刀】-총2획
直	zhí	곧을 직【目】-총8획
入	rù	들 입【入】-총2획
簞	dān	대광주리 단【竹】-총18획
食	shí	밥 사【食】-총9획
瓢	piáo	표주박 표【瓜】-총16획
飮	yǐn	마실 음【食】-총13획
丹	dān	붉을 단【丶】-총4획
脣	chún	입술 순【肉】-총11획
皓	hào	흴 호【白】-총12획
齒	chǐ	이 치【齒】-총15획

- 單刀直入 : 한 칼로 곧바로 쳐들어간다는 뜻으로 글을 쓰거나 말을 할 때 대뜸 본론으로 들어감을 말함.
- 簞食瓢飮 : 도시락에 담은 밥과 표주박 물이라는 뜻. 청빈하고 소박한 생활을 비유하여 이르는 말.
- 丹脣皓齒 : 붉은 입술과 하얀 이라는 뜻. 아름다운 여자의 얼굴을 가리키는 말=朱脣皓齒·皓齒丹脣.

堂 táng	丨 丷 业 ⺌ 尚 尚 尚 尚 堂 堂 堂　집 당【土】－총11획
狗 gǒu	丿 犭 犭 犭 狗 狗 狗 狗　개 구【犬】－총8획
風 fēng	丿 几 凡 凡 凡 凬 風 風 風　바람 풍【風】－총9획
月 yuè	丿 刀 月 月　달 월【月】－총4획
螳 táng	丨 口 口 中 虫 虫 虫 虫 虫 虫 蚪 蛍 蛍 蝉 螳 螳 螳　사마귀 당【虫】－총17획
螂 láng	丨 口 口 中 虫 虫 虫 虫 虫 虫 蛇 蛇 螂 螂 螂 螂　사마귀 랑【虫】－총16획
在 zài	一 ナ 才 在 在 在　있을 재【土】－총6획
後 hòu	丿 彳 彳 彳 彳 径 徉 後 後　뒤 후【彳】－총9획
大 dà	一 ナ 大　큰 대【大】－총3획
器 qì	丨 口 口 口 吅 吅 吅 哭 哭 哭 哭 器 器 器 器 器　그릇 기【口】－총16획
晚 wǎn	丨 日 日 日 旷 旷 旷 晗 晗 晩 晚　늦을 만【日】－총11획
成 chéng	丿 厂 厂 厅 成 成 成　이룰 성【戈】－총7획

- 堂狗風月 : 서당개 삼 년이면 풍월을 읊는다는 뜻으로 무식한 사람도 유식한 사람과 같이 있게 되면 그 영향을 받아 변화될 수 있다는 말.
- 螳螂在後 : 생각없이 이익에 어두워 덤비면 화를 당한다.
- 大器晚成 : 큰 그릇은 더디 만들어진다는 뜻으로 크게 될 사람은 늦게 성공한다는 말.

大 dà	一ナ大　큰 대【大】-총3획
義 yì	丶 丷 䒑 䒑 羊 羊 義 義 義 義 義 義 義　옳을 의【羊】-총13획
滅 miè	丶 冫 氵 氵 汇 沂 沂 沂 沂 泝 減 滅 滅　멸할 멸【水】-총13획
親 qīn	亠 亠 立 立 辛 辛 亲 亲 亲 新 新 新 新 親 親 親　친할 친【見】-총16획
道 dào	丶 丷 䒑 䒑 䒑 首 首 首 首 首 首 道 道　길 도【辶】-총13획
不 bù	一ア不不　아니 불【一】-총4획
拾 shí	一 十 扌 扌 拎 拎 拾 拾 拾　주울 습【手】-총9획
遺 yí	丨 口 口 中 冉 冉 冉 冉 冉 貴 貴 貴 遺 遺 遺 遺　남길 유【辶】-총16획
度 dù	丶 亠 广 广 庐 庐 庐 度 度　법도 도【广】-총9획
外 wài	ノ ク タ タ 外　밖 외【夕】-총5획
視 shì	一 二 亍 亍 示 礻 礻 祁 祁 祁 視 視　볼 시【見】-총12획

- 大義滅親 : 큰 뜻을 위하여 친족도 돌보지 않는다는 뜻으로 큰 명분을 위하여서 작은 것을 희생한다는 말.
- 道不拾遺 : 길에 떨어진 것을 줍지 않는다는 말로 법이 잘 지켜져 나라가 태평하다는 뜻.
- 度外視 : 안중에 두지 않고 무시하는 것, 문제 삼지 않고 불문에 붙임.

桃	táo	복숭아 도【木】-총10획
園	yuán	동산 원【口】-총13획
結	jié	맺을 결【糸】-총12획
義	yì	옳을 의【羊】-총13획
道	dào	길 도【辶】-총13획
聽	tīng	들을 청【耳】-총22획
塗	tú	진흙 도【土】-총13획
說	shuō	말씀 설【言】-총14획
塗	tú	진흙 도【土】-총13획
炭	tàn	숯 탄【火】-총9획
之	zhī	어조사 지【丿】-총4획
苦	kǔ	쓸 고【艹】-총9획

- 桃園結義 : 중국 蜀나라의 劉備·關羽·張飛가 도원에서 결의형제한 고사에서 유래함. 의형제를 맺는다는 뜻.
- 道聽塗說 : 길거리에 떠돌아다니는 뜬소문.
- 塗炭之苦 : 수렁이나 불길 속에 빠져서 고통스럽다는 뜻으로 몹시 고생스러운 상황에 놓였을 때 쓰는 말.

獨	dú	홀로 독【犬】-총16획
不	bù	아니 불【一】-총4획
將	jiàng	장수 장【寸】-총11획
軍	jūn	군사 군【車】-총9획
讀	dú	읽을 독【言】-총22획
書	shū	글 서【曰】-총10획
三	sān	석 삼【一】-총3획
到	dào	이를 도【刀】-총8획
同	tóng	한가지 동【口】-총6획
價	jià	값 가【人】-총15획
紅	hóng	붉을 홍【糸】-총9획
裳	shāng	치마 상【衣】-총14획

- 獨不將軍 : 혼자서는 장군 노릇을 못 한다는 뜻으로 사람은 서로서로 돕고 살게 마련이라는 말.
- 讀書三到 : 독서하는 데는 눈으로 보고, 입으로 읽고, 마음으로 깨우쳐야 한다는 뜻.
- 同價紅裳 : 같은 값이면 다홍치마라는 뜻으로 어차피 해야 할 거라면 보기에도 좋은 것을 골라서 한다는 말.

同 tóng	丨 冂 冂 冋 同 同 한가지 동【口】－총6획
苦 kǔ	一 十 十 廾 艹 芏 芏 苦 苦 쓸 고【艹】－총9획
同 tóng	丨 冂 冂 冋 同 同 한가지 동【口】－총6획
樂 lè	′ 亻 白 白 白 纟白 纟白纟 ... 樂 樂 樂 즐길 락【木】－총15획
東 dōng	一 冂 冂 冃 目 申 東 東 동녘 동【木】－총8획
問 wèn	丨 𠃌 𠃌 𠃌 門 門 門 門 問 問 問 물을 문【口】－총11획
西 xī	一 冂 冂 丙 西 西 서녘 서【襾】－총6획
答 dá	ノ 𠂉 ⺮ ⺮ 𥫗 ⺮ 笂 笅 笒 答 答 答 대답할 답【竹】－총12획
棟 dòng	一 十 才 木 朩 朩 桁 桓 桓 棟 棟 棟 용마루 동【木】－총12획
梁 liáng	丶 丷 氵 汈 沏 沏 洌 泖 梁 梁 梁 들보 량【木】－총11획
之 zhī	丶 亠 ㇇ 之 어조사 지【丿】－총4획
材 cái	一 十 才 木 朩 村 材 재목 재【木】－총7획

- 同苦同樂 : 괴로움도 즐거움도 함께 함.
- 東問西答 : 물음과는 딴판인 엉뚱한 대답.
- 棟梁之材 : 대들보가 되는 재목이란 뜻으로 크고 훌륭한 인재를 말함.

同	tóng	丨 冂 冂 冋 同 同	한가지 동【口】－총6획
病	bìng	丶 亠 广 疒 疒 疒 疒 病 病 病	앓을 병【疒】－총10획
相	xiāng	一 十 才 木 札 相 相 相 相	서로 상【目】－총9획
憐	lián	丶 忄 忄 忄 忄 憐 憐 憐 憐 憐 憐 憐 憐 憐 憐	불쌍히 여길 련【心】－총15획
東	dōng	一 丆 冂 戸 戸 申 東 東	동녘 동【木】－총8획
奔	bēn	一 ナ 大 太 本 奎 奔 奔	달아날 분【大】－총9획
西	xī	一 丆 冂 丙 西 西	서녘 서【襾】－총6획
走	zǒu	一 十 土 キ 丰 赱 走	달릴 주【走】－총7획
同	tóng	丨 冂 冂 冋 同 同	한가지 동【口】－총6획
床	chuáng	丶 亠 广 庐 庄 床 床	상 상【广】－총7획
異	yì	丨 冂 日 田 田 田 畀 畀 異 異 異	다를 이【田】－총12획
夢	mèng	一 十 艹 艹 芇 芇 苎 苎 苎 苎 苗 夢 夢 夢	꿈 몽【夕】－총14획

- 同病相憐 : 같은 병을 앓는 사람끼리는 서로 마음이 통한다는 뜻으로 비슷한 고통이나 어려운 처지에 있는 사람 끼리는 마음이 통한다는 말.
- 東奔西走 : 이곳저곳을 바쁘게 돌아다님＝東西奔走・東馳西走.
- 同床異夢 : 같은 잠자리에서 함께 자면서도 서로 다른 꿈을 꾼다는 뜻으로 겉으로 보기에는 똑같이 행동하고 생각하는 것 같으나 마음속으로는 서로 다른 생각을 한다는 말.

董 dǒng	一 十 艹 艹 芒 芒 芢 苦 莒 菩 菫 董 董 바로잡을 동【艸】-총13획
狐 hú	ノ 犭 犭 犭 犷 狐 狐 狐 여우 호【犬】-총8획
之 zhī	' 亠 ㇇ 之 어조사 지【丿】-총4획
筆 bǐ	ノ ㇒ ⺮ ⺮ 竺 竺 竺 笁 笁 筀 筀 筆 붓 필【竹】-총12획
杜 dù	一 十 才 木 木 朴 杜 팥배나무 두【木】-총7획
門 mén	丨 冂 ㄗ 門 門 門 門 門 문 문【門】-총8획
不 bù	一 フ 不 不 아니 불【一】-총4획
出 chū	丨 屮 屮 出 出 날 출【凵】-총5획
得 dé	ノ 彡 彳 彳 𧗠 袒 袒 得 得 得 得 얻을 득【彳】-총11획
魚 yú	ノ 勹 𠂊 各 各 角 鱼 鱼 魚 魚 魚 고기 어【魚】-총11획
忘 wàng	' 亠 亡 亡 忘 忘 忘 잊을 망【心】-총7획
筌 quán	ノ ㇒ ⺮ ⺮ 竺 竺 笁 笁 笁 筌 筌 筌 통발 전【竹】-총12획

- 董狐之筆 : 동호의 直筆이라는 말로 곧 정직한 기록. 기록을 맡은 이가 직필하여 조금도 거리낌이 없음을 이르며, 권세를 두려워하지 않고 사실을 그대로 적어 역사에 남기는 일을 뜻함.
- 杜門不出 : 집안에만 틀어박혀 밖으로 나다니지 아니함.
- 得魚忘筌 : 물고기를 잡으면 통발은 잊는다는 말로 전은 물고기를 잡는 통발. 목적을 달성하면 수단으로 사용하던 물건은 잊어버린다는 뜻으로 사소한 것에 매달려 큰일을 그르치지 말라는 뜻과 결과 못지않게 과정도 중요시해야 한다는 두 가지 뜻으로 쓰임.

登	dēng	등불 등【癶】－총12획
龍	lóng	용 룡【龍】－총16획
門	mén	문 문【門】－총8획
燈	dēng	등불 등【火】－총16획
下	xià	아래 하【一】－총3획
不	bù	아니 불【一】－총4획
明	míng	밝을 명【日】－총8획
燈	dēng	등불 등【火】－총16획
火	huǒ	불 화【火】－총4획
可	kě	옳을 가【口】－총5획
親	qīn	친할 친【見】－총16획

- 登龍門 : 용문에 오른다. 입신출세에 이르는 직접적인 과정, 고비를 이름.
- 燈下不明 : 등잔 밑이 어둡다는 뜻으로 가까운 데 생긴 일을 먼 데 일보다 더 모른다는 비유.
- 燈火可親 : 등잔불을 가까이하여 친하게 된다는 뜻으로 독서하기가 좋다는 말.

磨	mó	갈 마【石】－총16획
斧	fǔ	도끼 부【斤】－총8획
作	zuò	지을 작【人】－총7획
針	zhēn	바늘 침【金】－총10획
馬	mǎ	말 마【馬】－총10획
耳	ěr	귀 이【耳】－총6획
東	dōng	동녘 동【木】－총8획
風	fēng	바람 풍【風】－총9획
莫	mò	말 막【艸】－총11획
上	shàng	위 상【一】－총3획
莫	mò	말 막【艸】－총11획
下	xià	아래 하【一】－총3획

- 磨斧作針 : 도끼를 갈아 바늘을 만든다는 말로 아무리 어려운 일이라도 꾸준히 노력하면 이룰 수 있다는 뜻. 끈기있게 학문이나 일에 힘씀의 비유.
- 馬耳東風 : 말의 귀에 스쳐가는 봄바람이라는 뜻으로 남의 의견이나 비평, 또는 충고 등을 귀담아 듣지 않고 흘려버리는 것을 말함.
- 莫上莫下 : 더 낫고 더 못함의 차이가 없음.

莫	mò	말 막【艸】-총11획
逆	nì	거스릴 역【辵】-총10획
之	zhī	어조사 지【丿】-총4획
友	yǒu	벗 우【又】-총4획
萬	wàn	일만 만【艸】-총13획
頃	qǐng	밭넓이 경【頁】-총11획
蒼	cāng	푸를 창【艸】-총14획
波	bō	물결 파【水】-총8획
滿	mǎn	찰 만【水】-총14획
身	shēn	몸 신【身】-총7획
瘡	chuāng	부스럼 창【疒】-총15획
痍	yí	상처 이【疒】-총11획

- 莫逆之友 : 마음이 서로 맞아 거스르는 일이 없어 살고 죽고 흥하고 망하는 것을 함께 할 수 있는 친구, 즉 매우 친한 친구를 말함.
- 萬頃蒼波 : 한없이 넓은 바다와 강의 푸른 물결이라는 뜻으로 바다가 매우 넓어서 끝이 보이지 않고, 강 또한 매우 커서 물결이 푸를 때 쓰는 말.
- 滿身瘡痍 : 온몸이 상처투성이라는 뜻으로 신세가 엉망진창이 되었다는 말로 쓰임.

亡	wáng	없어질 망【亠】－총3획
國	guó	나라 국【口】－총11획
之	zhī	어조사 지【丿】－총4획
音	yīn	소리 음【音】－총9획
望	wàng	바랄 망【月】－총11획
洋	yáng	큰바다 양【水】－총9획
之	zhī	어조사 지【丿】－총4획
嘆	tàn	한숨쉴 탄【口】－총14획
亡	wáng	없어질 망【亠】－총3획
羊	yáng	양 양【羊】－총6획
之	zhī	어조사 지【丿】－총4획
歎	tàn	탄식할 탄【欠】－총15획

- 亡國之音 : 나라를 망칠 음악이라는 뜻으로 그 시대에 유행하는 음악이 너무 난잡하다고 느낄 때 쓰임.
- 望洋之嘆 : 넓은 바다를 보고 저절로 탄식이 나오다. 자신이 미흡함을 비유하는 것에서 일을 처리하는 데 힘이 부족하거나 결핍되어 할 수 없는 경우를 말함=望洋興嘆.
- 亡羊之歎 : 달아나는 양을 쫓다가 여러 갈래진 길에서 양을 잃고 탄식하였다는 말. 학문의 길도 여러 방면이면 진리를 찾기 어렵다는 뜻=多岐亡羊.

望 wàng	바랄 망【月】−총11획
雲 yún	구름 운【雨】−총12획
之 zhī	어조사 지【丿】−총4획
情 qíng	뜻 정【心】−총11획
忙 máng	바쁠 망【心】−총6획
中 zhōng	가운데 중【丨】−총4획
閑 xián	한가할 한【門】−총12획
麥 mài	보리 맥【麥】−총11획
秀 xiù	빼어날 수【禾】−총7획
之 zhī	어조사 지【丿】−총4획
歎 tàn	탄식할 탄【欠】−총15획

- 望雲之情 : 자식이 객지에서 고향의 어버이를 생각하는 마음=望雲之懷.
- 忙中閑 : 바쁜 가운데에서도 한가로운 때.
- 麥秀之歎 : 보리 이삭이 무성함을 탄식한다는 뜻으로 곧 고국이 멸망한 것에 대한 탄식.

孟	mèng	맏 맹	【子】	－총8획
母	mǔ	어미 모	【毋】	－총5획
斷	duàn	끊을 단	【斤】	－총18획
機	jī	틀 기	【木】	－총16획
孟	mèng	맏 맹	【子】	－총8획
母	mǔ	어미 모	【毋】	－총5획
三	sān	석 삼	【一】	－총3획
遷	qiān	옮길 천	【辵】	－총16획
盲	máng	소경 맹	【目】	－총8획
人	rén	사람 인	【人】	－총2획
摸	mō	찾을 모	【手】	－총14획
象	xiàng	코끼리 상	【豕】	－총12획

- 孟母斷機 : 맹자의 어머니가 遊學 도중에 돌아온 맹자를 훈계하기 위해 베틀에 건 날실을 끊었다는 뜻으로 학문을 중도에 그만두는 것은 짜고 있던 베의 날실을 끊어 버리는 것과 같다는 말.
- 孟母三遷 : 맹자의 어머니가 맹자의 교육을 위해 세 번 이사했다는 고사.
- 盲人摸象 : 앞 못 보는 사람이 코끼리를 만진다는 뜻으로 사물의 일부만 보고 전체는 모르면서 결론내리는 것을 빗대어서 쓰는 말.

明 míng	丨 П 日 日 日 明 明 明 밝을 명【日】－총8획
鏡 jìng	ノ 𠆢 亼 亼 亼 伞 伞 金 金 金' 金亠 金立 金音 金音 鏳 鏳 鏡 鏡 鏡 거울 경【金】－총19획
止 zhǐ	丨 卜 止 止 그칠 지【止】－총4획
水 shuǐ	亅 才 水 水 물 수【水】－총4획
名 míng	ノ ク 夕 夕 名 名 이름 명【口】－총6획
實 shí	' 宀 宀 宀 宀 宀 宀 宀 宀 實 實 實 實 實 열매 실【宀】－총14획
相 xiāng	一 十 才 木 木 相 相 相 相 서로 상【目】－총9획
符 fú	ノ 𠂉 𥫗 𥫗 竹 竹 竹 竹 笁 符 符 병부 부【竹】－총11획
明 míng	丨 П 日 日 日 明 明 明 밝을 명【日】－총8획
若 ruò	一 十 艹 艹 艹 芓 若 若 若 같을 약【艸】－총9획
觀 guān	一 十 艹 艹 艹 ... 觀 觀 볼 관【見】－총25획
火 huǒ	' 丷 少 火 불 화【火】－총4획

- 明鏡止水：밝은 거울과 조용한 물이라는 뜻으로 티없이 맑고 고요한 심경을 이르는 말.
- 名實相符：이름과 실상이 꼭 들어맞는다는 뜻으로 어떤 것의 위치나 지위가 그 자리에 실제와 꼭 들어맞음을 뜻함.
- 明若觀火：불을 보듯 훤하다는 뜻으로 어떤 사태나 일의 되어가는 모양이 명백함을 일컬음.

明	míng	밝을 명【日】-총8획
哲	zhé	밝을 철【口】-총10획
保	bǎo	지킬 보【人】-총9획
身	shēn	몸 신【身】-총7획
目	mù	눈 목【目】-총5획
不	bù	아니 불【一】-총4획
識	shí	알 식【言】-총19획
丁	dīng	고무래 정【一】-총2획
目	mù	눈 목【目】-총5획
不	bù	아니 불【一】-총4획
忍	rěn	참을 인【心】-총7획
見	jiàn	볼 견【見】-총7획

- 明哲保身 : 일을 잘 처신하여 몸을 잘 보전함을 이름.
- 目不識丁 : 눈이 정자도 알지 못한다. 쉬운 글자도 모르는 매우 무식한 사람=一字無識・菽麥不辨.
- 目不忍見 : 상황이 몹시 딱하고 처참하여 차마 눈을 뜨고는 볼 수 없음을 이름.

武 wǔ	군사 무【止】－총8획
陵 líng	언덕 릉【阜】－총11획
桃 táo	복숭아 도【木】－총10획
源 yuán	근원 원【水】－총13획
無 wú	없을 무【火】－총12획
爲 wéi	할 위【爪】－총12획
徒 tú	무리 도【彳】－총10획
食 shí	먹을 식【食】－총9획
墨 mò	먹 묵【土】－총15획
翟 dí	꿩 적【羽】－총14획
之 zhī	어조사 지【丿】－총4획
守 shǒu	지킬 수【宀】－총6획

- 武陵桃源 : 陶淵明의 「桃花源記」에 나오는 이상향을 뜻하는 것으로 사람들이 항상 찾으려고 노력하며 꿈꾸는 살기 좋은 곳.
- 無爲徒食 : 아무 하는 일도 없이 먹고 놀기만 함.
- 墨翟之守 : 묵적의 지킴. 자기 의견이나 주장을 굽히지 않고 끝까지 지킴, 융통성이 없음을 비유.

刎	wěn	목찌를 문【刀】–총6획
頸	jǐng	목 경【頁】–총16획
之	zhī	어조사 지【丿】–총4획
交	jiāo	사귈 교【亠】–총6획
文	wén	글월 문【文】–총4획
房	fáng	방 방【戶】–총8획
四	sì	넉 사【口】–총5획
友	yǒu	벗 우【又】–총4획
門	mén	문 문【門】–총8획
外	wài	밖 외【夕】–총5획
漢	hàn	한수 한【水】–총14획

- 刎頸之交 : 친구를 위해서 죽을 수 있을 정도로 절친한 친구 사이를 말함.
- 文房四友 : 종이 · 붓 · 먹 · 벼루의 네 가지 문방구=文房四寶.
- 門外漢 : 어떤 일에 대한 전문적인 지식이 전혀 없거나 그 일에 전혀 관계가 없는 사람을 뜻하는 말로 그 분야를 전혀 알지 못하는 사람을 이름.

聞 wén	丨 ㄏ ㄏ 尸 尸 門 門 門 門 門 門 門 聞 聞　들을 문 【耳】 –총14획
一 yī	一　한 일 【一】 –총1획
知 zhī	ノ ㅗ 亠 乍 矢 矢 知 知　알 지 【矢】 –총8획
十 shí	一 十　열 십 【十】 –총2획
門 mén	丨 ㄏ ㄏ 尸 尸 門 門 門　문 문 【門】 –총8획
前 qián	丶 丷 䒑 广 宀 首 首 前 前　앞 전 【刀】 –총9획
成 chéng	ノ 厂 厂 万 成 成 成　이룰 성 【戈】 –총7획
市 shì	丶 亠 亠 冇 市　저자 시
門 mén	丨 ㄏ ㄏ 尸 尸 門 門 門　문 문 【門】 –총8획
前 qián	丶 丷 䒑 广 宀 首 首 前 前　앞 전 【刀】 –총9획
雀 què	丨 小 小 少 少 少 雀 雀 雀 雀 雀　참새 작 【隹】 –총11획
羅 luó	丨 冂 冂 罒 罒 罒 罖 罗 罗 罗 罗 羅 羅 羅 羅 羅 羅 羅 羅　벌일 라 【网】 –총19획

- 聞一知十 : 한 가지를 듣고 열 가지를 미루어 안다는 뜻으로 매우 총명함을 이르는 말.
- 門前成市 : 문 앞이 저자(市)를 이룬다는 뜻으로 권세가나 부잣집 문 앞이 방문객으로 저자를 이루다시피 붐빈다는 말.
- 門前雀羅 : 문 앞에 새그물을 친다는 뜻으로 권세를 잃거나 빈천해지면 문 앞(밖)에 새그물을 쳐 놓을 수 있을 정도로 방문객의 발길이 끊어진다는 말.

美	měi	아름다울 미【羊】-총9획
辭	cí	말씀 사【辛】-총19획
麗	lì	고울 려【鹿】-총19획
句	jù	글귀 구【口】-총5획
尾	wěi	꼬리 미【尸】-총7획
生	shēng	날 생【生】-총5획
之	zhī	어조사 지【丿】-총4획
信	xìn	믿을 신【人】-총9획
博	bó	넓을 박【十】-총12획
覽	lǎn	볼 람【見】-총21획
强	qiáng	굳셀 강【弓】-총12획
記	jì	기록할 기【言】-총10획

- 美辭麗句 : 아름다운 말과 글귀.
- 尾生之信 : 미생의 믿음이란 뜻으로 곧 약속을 굳게 지킴을 비유하거나 고지식하여 융통성이 없음을 비유하기도 함.
- 博覽强記 : 여러 가지의 책을 많이 읽고 기억을 잘함.

博 bó
一 十 十 忊 怇 恒 恒 恒 博 博 博 博 넓을 박【十】－총12획

而 ér
一 丆 丆 丙 而 而 말이을 이【而】－총6획

不 bù
一 丆 不 不 아니 부【一】－총4획

精 jīng
丶 丷 丷 半 米 米 籵 粁 粁 精 精 精 精 精 정밀할 정【米】－총14획

博 bó
一 十 十 忊 怇 恒 恒 恒 博 博 博 博 넓을 박【十】－총12획

學 xué
學 學 學 學 學 學 學 學 學 學 學 學 學 學 學 學 배울 학【子】－총16획

多 duō
丿 ク 夕 夕 多 多 많을 다【夕】－총6획

識 shí
識 識 識 識 識 識 識 識 識 識 識 識 識 識 識 識 識 識 識 알 식【言】－총19획

拔 bá
一 十 扌 扌 扐 扐 拔 拔 뺄 발【手】－총8획

本 běn
一 十 才 木 本 근본 본【木】－총5획

塞 sè
塞 塞 塞 塞 塞 塞 塞 塞 塞 塞 塞 塞 塞 막을 색【土】－총13획

源 yuán
丶 丶 氵 氵 汇 汇 沥 沥 沥 源 源 源 源 근원 원【水】－총13획

- 博而不精 : 여러 방면으로 널리 알기는 하나 자세히 알지는 못함.
- 博學多識 : 학문이 넓고 아는 것이 많음.
- 拔本塞源 : 뿌리를 뽑아 버리고 원인을 막아 버린다는 뜻. 폐단의 근원을 아주 뽑아서 없애버림.

傍	páng	곁 방【人】－총12획
若	ruò	같을 약【艸】－총9획
無	wú	없을 무【火】－총12획
人	rén	사람 인【人】－총2획
杯	bēi	잔 배【木】－총8획
盤	pán	쟁반 반【皿】－총15획
狼	láng	이리 랑【犬】－총10획
藉	jí	깔개 자【艸】－총18획
背	bèi	등 배【肉】－총9획
水	shuǐ	물 수【水】－총4획
之	zhī	어조사 지【丿】－총4획
陣	zhèn	진칠 진【阜】－총10획

- 傍若無人：곁에 사람이 없는 것처럼 행동하는 뜻으로 멋대로 하는 행동을 말함.
- 杯盤狼藉：술잔과 접시가 마치 이리에게 깔렸던 풀처럼 어지럽게 흩어져 있음. 술을 마시고 한창 노는 모양이나 술자리가 파할 무렵 또는 파한 뒤 술잔과 접시가 어지럽게 흩어져 있는 모양을 말함.
- 背水之陣：물을 등지고 친 진. 목숨을 걸고 어떤 일에 대처하는 경우의 비유.

百	bǎi	一丆丆百百百	일백 백【白】-총6획
家	jiā	丶丷宀宀宁宇家家家家	집 가【宀】-총10획
爭	zhēng	一厂爫爫乒爭爭爭	다툴 쟁【爪】-총8획
鳴	míng	丨冂口口' 叫 叫 吖 咱 咱 咱 鳴 鳴 鳴 鳴	울 명【鳥】-총14획
百	bǎi	一丆丆百百百	일백 백【白】-총6획
年	nián	丿𠂉仁仁乍年	해 년【干】-총6획
河	hé	丶丶氵汀汀河河河	물 하【水】-총8획
清	qīng	丶丶氵氵汀汢洼洼清清清	맑을 청【水】-총11획
白	bái	丿亻白白白	흰 백【白】-총5획
面	miàn	一丆丆百而而而面面	낯 면【面】-총9획
書	shū	乛⺕⺕⺕聿聿聿書書書	글 서【曰】-총10획
生	shēng	丿𠂉仁牛生	날 생【生】-총5획

- 百家爭鳴 : 중국 춘추전국시대에 많은 사상가가 나와 다양한 학설을 주장한 데에서 나온 말로 많은 학자나 논객들이 온갖 학설과 이론을 거침없이 내세우며 논쟁하는 일.
- 百年河清 : 중국의 황하가 항상 흐려 맑을 때가 없다는 데서 나온 말로 아무리 오래 되어도 이루기 힘든 소망을 뜻함.
- 白面書生 : 얼굴이 창백한 선비라는 뜻으로 세상 물정을 모르는 사람을 말함.

白 bái	′ ľ 白白白 흰 백【白】－총5획
眉 méi	眉 눈썹 미【目】－총9획
白 bái	′ ľ 白白白 흰 백【白】－총5획
髮 fà	髮 터럭 발【髟】－총15획
三 sān	一二三 석 삼【一】－총3획
千 qiān	一二千 일천 천【十】－총3획
丈 zhàng	一ナ丈 열 자 장【一】－총3획
伯 bó	ノ亻亻′伯伯伯伯 맏 백【人】－총7획
牙 yá	一二牙牙 어금니 아【牙】－총4획
絶 jué	絶 끊을 절【糸】－총12획
絃 xián	絃 줄 현【糸】－총11획

- 白眉 : 흰 눈썹을 가진 사람이 가장 뛰어남. 형제 중에서 가장 뛰어난 사람, 여럿 중에서 가장 뛰어난 사람이나 물건을 가리킴.
- 白髮三千丈 : 흰 머리털의 길이가 삼천 길(丈)이나 된다는 뜻.
- 伯牙絶絃 : 백아가 거문고의 줄을 끊음. 서로 마음이 통하는 절친한 벗(知己)의 죽음, 친한 벗을 잃은 슬픔을 말함.

白	bái	흰 백【白】-총5획
眼	yǎn	눈 안【目】-총11획
視	shì	볼 시【見】-총12획
白	bái	흰 백【白】-총5획
衣	yī	옷 의【衣】-총6획
從	cóng	좇을 종【彳】-총11획
軍	jūn	군사 군【車】-총9획
百	bǎi	일백 백【白】-총6획
尺	chǐ	자 척【尸】-총4획
竿	gān	장대 간【竹】-총9획
頭	tóu	머리 두【頁】-총16획

- 白眼視 : 남을 업신여기거나 냉대하여 흘겨봄.
- 白衣從軍 : 벼슬없이 군대를 따라 전쟁터에 나감.
- 百尺竿頭 : 높은 장대 끝에 섰다는 말로 매우 위태롭고 어려운 지경에 빠진 것을 말함.

繁	fán	번성할 번【糸】－총17획
文	wén	글월 문【文】－총4획
縟	rù	무늬 욕【糸】－총16획
禮	lǐ	예도 례【示】－총18획
兵	bīng	군사 병【八】－총7획
家	jiā	집 가【宀】－총10획
常	cháng	항상 상【巾】－총11획
事	shì	일 사【亅】－총8획
病	bìng	병들 병【疒】－총10획
入	rù	들 입【入】－총2획
膏	gāo	기름 고【肉】－총14획
肓	huāng	명치 끝 황【肉】－총7획

- 繁文縟禮 : 쓸데없는 허례나 번잡한 규칙 따위.
- 兵家常事 : 전쟁에서 이기고 지는 것은 흔히 있는 일이라는 뜻. 실패는 흔히 있는 일이니 낙심할 것 없다고 이르는 말.
- 病入膏肓 : 병이 고황에 들었다는 뜻. 병이 고치기 어렵게 깊이 듦.

本 běn	一十才木本 근본 본【木】-총5획
末 mò	一二キ才末 끝 말【木】-총5획
顚 diān	顚 엎어질 전【頁】-총19획
倒 dǎo	ノイ仁任任任侄侄倒倒 넘어질 도【人】-총10획
本 běn	一十才木本 근본 본【木】-총5획
第 dì	第 차례 제【弓】-총7획
入 rù	ノ入 들 입【入】-총2획
納 nà	納 드릴 납【糸】-총10획
夫 fū	一二夫夫 지아비 부【大】-총4획
唱 chàng	唱 부를 창【口】-총11획
婦 fù	婦 지어미 부【女】-총11획
隨 suí	隨 따를 수【阜】-총16획

- 本末顚倒 : 일이 처음과 나중이 뒤바뀜. 일의 근본 줄기는 잊고 사소한 부분에만 사로잡힘.
- 本第入納 : 본집으로 들어가는 편지라는 뜻. 자기 집에 편지할 때 겉봉에 자기 이름을 적고 그 밑에 쓰는 말.
- 夫唱婦隨 : 남편이 주장하고 아내가 잘 따르는 것이 부부 사이의 도리라는 말.

附	fù	붙을 부【阜】-총8획
和	hè	화할 화【口】-총8획
雷	léi	우레 뢰【雨】-총13획
同	tóng	한가지 동【口】-총6획
粉	fěn	가루 분【米】-총10획
骨	gǔ	뼈 골【骨】-총10획
碎	suì	부술 쇄【石】-총13획
身	shēn	몸 신【身】-총7획
焚	fén	불사를 분【火】-총12획
書	shū	글 서【曰】-총10획
坑	kēng	묻을 갱【土】-총7획
儒	rú	선비 유【人】-총16획

- 附和雷同 : 자기의 뚜렷한 생각이나 주장이 없이 남들의 의견을 그대로 좇아 따르거나 덩달아서 같이 행동함을 이름.
- 粉骨碎身 : 뼈가 가루가 되고 몸이 부서진다는 뜻으로 많은 고생을 하더라도 열심히 일하겠다는 말.
- 焚書坑儒 : 책을 불사르고 선비를 산 채로 구덩이에 파묻어 죽인다는 뜻으로 秦나라 始皇帝의 가혹한 법과 酷政을 이르는 말.

不	bú	一 丆 不 不　아니 불【一】－총4획
問	wèn	丨 ｢ ｢ ｢ 門 門 門 門 門 問 問　물을 문【口】－총11획
曲	qū	丨 冂 曰 由 曲 曲　굽을 곡【曰】－총6획
直	zhí	一 十 丆 冇 有 直 直 直　곧을 직【目】－총8획
不	bú	一 丆 不 不　아니 불【一】－총4획
入	rù	丿 入　들 입【入】－총2획
虎	hǔ	丨 ⺊ 广 卢 卢 虍 虎 虎　범 호【虍】－총8획
穴	xué	丶 丷 宀 穴 穴　구멍 혈【穴】－총5획
不	bù	一 丆 不 不　아니 부【一】－총4획
得	dé	丿 彡 彳 彳 彳 彳 彳 得 得 得 得　얻을 득【彳】－총11획
虎	hǔ	丨 ⺊ 广 卢 卢 虍 虎 虎　범 호【虍】－총8획
子	zǐ	乛 了 子　아들 자【子】－총3획

- 不問曲直 : 사실을 캐물어 따져보지도 아니하고 곧바로 함. 다짜고짜.
- 不入虎穴不得虎子 : 호랑이 굴에 들어가지 않고는 호랑이 새끼를 못 잡는다는 뜻으로 모험을 하지 않고는 큰일을 할 수 없음의 비유.

不 bú	一ア不不 아니 불【一】－총4획
撤 chè	一 ｊ 扌 扌' 扌' 扌' 扌' 扌' 扌' 扌' 扌' 扌' 扌' 撤 撤 거둘 철【手】－총15획
晝 zhòu	一 ⺕ 彐 ⺕ 聿 聿 晝 晝 晝 晝 晝 낮 주【日】－총11획
夜 yè	' 亠 广 广 产 夜 夜 夜 밤 야【夕】－총8획
不 bù	一ア不不 아니 불【一】－총4획
恥 chǐ	一 丅 F F E 耳 耳 耻 恥 恥 부끄러울 치【心】－총10획
下 xià	一丅下 아래 하【一】－총3획
問 wèn	丨 ｒ ｐ ｐ 門 門 門 門 問 問 問 물을 문【口】－총11획
不 bú	一ア不不 아니 불【一】－총4획
惑 huò	一 ｒ 可 可 戸 式 或 或 或 惑 惑 惑 미혹할 혹【心】－총12획
之 zhī	' 亠 ㄅ 之 어조사 지【丿】－총4획
年 nián	ノ 𠂉 仁 仁 丘 年 해 년【干】－총6획

- 不撤晝夜 : 어떤 일에 골몰하느라고 밤낮을 가리지 않음, 또는 그 모양.
- 不恥下問 : 아랫사람이나 자기보다 못한 사람에게 묻는 것을 부끄러워하지 않음.
- 不惑之年 : 迷惑하지 아니함. 나이 마흔 살을 일컬음. 세상 일에 분별없이 말려들지 않는 40세를 말함.

鵬	péng	鵬 붕새 붕【鳥】-총19획
程	chéng	程 길 정【禾】-총12획
萬	wàn	萬 일만 만【艸】-총13획
里	lǐ	里 마을 리【里】-총7획
非	fēi	非 아닐 비【非】-총8획
一	yì	一 한 일【一】-총1획
非	fēi	非 아닐 비【非】-총8획
再	zài	再 두번 재【冂】-총6획
四	sì	四 넉 사【囗】-총5획
顧	gù	顧 돌아볼 고【頁】-총21획
無	wú	無 없을 무【火】-총12획
親	qīn	親 친할 친【見】-총16획

- 鵬程萬里：鵬(상상의 큰 새)의 갈 길은 수만 리라는 뜻. 머나먼 여로, 아주 양양한 장래.
- 非一非再：한두 번이나 하나 둘이 아니라는 뜻으로 어떤 일이 매우 흔하고 자주 일어나는 모양을 일컬음.
- 四顧無親：의지할만한 사람이 전혀 없음.

四	sì	넉 사【口】－총5획
面	miàn	낯 면【面】－총9획
楚	chǔ	초나라 초【木】－총13획
歌	gē	노래 가【欠】－총14획
砂	shā	모래 사【石】－총9획
上	shàng	위 상【一】－총3획
樓	lóu	다락 루【木】－총15획
閣	gé	큰집 각【門】－총14획
死	sǐ	죽을 사【歹】－총6획
生	shēng	날 생【生】－총5획
決	jué	결단할 결【水】－총7획
斷	duàn	끊을 단【斤】－총18획

- 四面楚歌：사면에서 들려오는 초나라 노래. 사방 빈틈없이 적에게 포위된 孤立無援의 상태. 주위에 반대자 또는 적이 많아 고립되어 있는 처지. 사방으로부터 비난받음의 비유.
- 砂上樓閣：모래 위에 세운 건물이라는 뜻으로 겉으로 보기에는 번듯해 보이나 기초가 약하여 오래 가지 못하는 것을 비유할 때 쓰임.
- 死生決斷：죽고 사는 것을 돌보지 않고 끝장을 냄.

似	sì	같을 사【人】－총7획
而	ér	말이을 이【而】－총6획
非	fēi	아닐 비【非】－총8획
事	shì	일 사【亅】－총8획
必	bì	반드시 필【心】－총5획
歸	guī	돌아갈 귀【止】－총18획
正	zhèng	바를 정【止】－총5획
山	shān	메 산【山】－총3획
紫	zǐ	자줏빛 자【糸】－총11획
水	shuǐ	물 수【水】－총4획
明	míng	밝을 명【日】－총8획

- 似而非 : 겉은 제법 비슷하나 속은 전혀 다른 것, 진짜같이 보이나 실은 가짜.
- 事必歸正 : 세상 모든 일들이 처음에는 옳고 그름을 가리지 못해 한때 잘못되었더라도 언젠가는 반드시 밝혀져 바르게 되어 돌아온다는 말.
- 山紫水明 : 산색이 아름답고 물이 맑음. 햇빛을 받아서 산은 보랏빛으로 물들고 물은 맑아서 또렷하게 보인다. 곧 산수의 경치가 눈부시도록 아름다움을 가리키는 말＝山明水麗.

山 shān	丨 山 山 메 산【山】-총3획
海 hǎi	丶 丷 氵 氵 氵 汇 海 海 海 海 바다 해【水】-총10획
珍 zhēn	一 二 干 王 王 玠 玠 珍 珍 보배 진【玉】-총9획
味 wèi	丨 口 口 口 口 吽 味 味 맛 미【口】-총8획
殺 shā	丿 㐅 䒑 杀 杀 杀 杀 杀 杀 殺 殺 죽일 살【殳】-총11획
身 shēn	丿 亻 户 户 自 身 身 몸 신【身】-총7획
成 chéng	丿 厂 厂 万 成 成 成 이룰 성【戈】-총7획
仁 rén	丿 亻 仁 仁 어질 인【人】-총4획
三 sān	一 二 三 석 삼【一】-총3획
顧 gù	一 厂 户 户 户 户 户 户 户 扈 扈 扈 雇 雇 雇 顧 顧 顧 顧 顧 顧 돌아볼 고【頁】-총21획
草 cǎo	一 十 艹 艹 艹 芇 苩 苜 苴 草 풀 초【艸】-총10획
廬 lú	丶 亠 广 广 庐 庐 庐 庐 庐 庐 庐 庐 庐 庐 廬 廬 廬 廬 廬 풀집 려【广】-총19획

- 山海珍味 : 산과 바다의 산물을 다 갖춰 아주 잘 차린 진귀한 음식이라는 뜻으로 갖가지 맛있는 음식을 한 상 가득 차려놓은 것을 비유해서 일컬음.
- 殺身成仁 : 몸을 죽여 어진 일을 이룬다는 뜻으로 다른 사람 또는 대의를 위해 목숨을 버린다는 말.
- 三顧草廬 : 중국 촉한의 임금 유비가 제갈량의 초가집을 세 번씩이나 찾아가 간청하여 제갈량을 자신의 軍師로 맞아들였다는 고사에서 나온 말로 인재를 맞아들이기 위해 여러 번 찾아가서 진심으로 예를 다하는 일을 일컬음.

森	sēn	一十才木本杢杢枩森森森森 나무 빽빽할 삼【木】－총12획
羅	luó	丨冂冖罒罒罒罗罗罗罗罗羅羅羅羅羅羅羅羅 벌일 라【网】－총19획
萬	wàn	一十卄艹芇芇苩苩苩萬萬萬萬 일만 만【艸】－총13획
象	xiàng	ノクク缶缶争争争多象象象 코끼리 상【豕】－총12획
三	sān	一二三 석 삼【一】－총3획
旬	xún	ノ勹勹旬旬旬 열흘 순【日】－총6획
九	jiǔ	ノ九 아홉 구【乙】－총2획
食	shí	ノ人人今今今食食食 먹을 식【食】－총9획
三	sān	一二三 석 삼【一】－총3획
從	cóng	ノ彡彳彳彳彾徔徔徔從從 좇을 종【彳】－총11획
之	zhī	丶亠ㄋ之 어조사 지【ノ】－총4획
義	yì	丶丷䒑兰兰羊羊差差羛義義義 옳을 의【羊】－총13획

- 森羅萬象：우주에 있는 모든 현상을 말함.
- 三旬九食：서른 날에 아홉 끼니밖에 못 먹는다는 뜻. 끼니를 잇기 어려울 만큼 몹시 가난한 상태.
- 三從之義：봉건시대의 여자가 지켜야 할 세 가지 도리. 어려서는 아버지, 시집가서는 남편, 남편이 죽은 후에는 자식을 좇으라는 것＝三從之道.

한자	병음	뜻
桑	sāng	뽕나무 상【木】-총10획
田	tián	밭 전【田】-총5획
碧	bì	푸를 벽【石】-총14획
海	hǎi	바다 해【水】-총10획
塞	sài	변방 새【土】-총13획
翁	wēng	늙은이 옹【羽】-총10획
之	zhī	어조사 지【丿】-총4획
馬	mǎ	말 마【馬】-총10획
生	shēng	날 생【生】-총5획
而	ér	말이을 이【而】-총6획
知	zhī	알 지【矢】-총8획
之	zhī	그것 지【丿】-총4획

- 桑田碧海 : 뽕나무 밭이 푸른 바다로 변했다는 뜻으로 세상이 많이 변했다는 뜻.
- 塞翁之馬 : 세상만사가 變轉無常하므로 인생의 길흉화복은 항상 뒤바뀌어 미리 예측할 수가 없다는 뜻. 길흉화복의 덧없음을 비유.
- 生而知之 : 학문을 닦지 않아도 태어나면서부터 안다는 뜻으로 生知는 聖人을 이르는 말. 배우지 않아도 스스로 깨달아 앎.

西	xī	서녘 서【襾】-총6획
施	shī	베풀 시【方】-총9획
矉	bīn	눈살찌푸릴 빈【目】-총19획
目	mù	눈 목【目】-총5획
噬	shì	씹을 서【口】-총16획
臍	qí	배꼽 제【肉】-총18획
莫	mò	말 막【艸】-총11획
及	jí	미칠 급【又】-총4획
先	xiān	먼저 선【儿】-총6획
見	jiàn	볼 견【見】-총7획
之	zhī	어조사 지【丿】-총4획
明	míng	밝을 명【日】-총8획

- 西施矉目 : 서시가 눈살을 찌푸림. 영문도 모르고 남의 흉내를 내거나 타인의 단점을 장점인 줄 알고 본뜨는 것을 말함.
- 噬臍莫及 : 배꼽을 물려고 해도 입이 미치지 않는다는 뜻으로 곧 기회를 잃고 후회해도 아무 소용없음의 비유.
- 先見之明 : 닥쳐올 일을 미리 짐작하는 밝은 지혜.

先	xiān	먼저 선【儿】-총6획
則	zé	곧 즉·법 칙【刀】-총9획
制	zhì	지을 제【刀】-총8획
人	rén	사람 인【人】-총2획
雪	xuě	눈 설【雨】-총11획
上	shàng	위 상【一】-총3획
加	jiā	더할 가【力】-총5획
霜	shuāng	서리 상【雨】-총17획
說	shuō	말씀 설【言】-총14획
往	wǎng	갈 왕【彳】-총8획
說	shuō	말씀 설【言】-총14획
來	lái	올 래【人】-총8획

- 先則制人 : 선수를 치면 남을 제압할 수 있다는 뜻.
- 雪上加霜 : 눈 위에 서리가 덮인다는 뜻. 난처한 일이나 불행이 잇달아 일어남↔錦上添花.
- 說往說來 : 서로 변론하느라고 옥신각신하는 것. 또는 말이 오고 가는 것=言往說來.

束	shù	묶을 속【木】-총7획
手	shǒu	손 수【手】-총4획
無	wú	없을 무【火】-총12획
策	cè	꾀 책【竹】-총12획
送	sòng	보낼 송【辵】-총10획
舊	jiù	옛 구【臼】-총18획
迎	yíng	맞을 영【辵】-총8획
新	xīn	새 신【斤】-총13획
宋	sòng	송나라 송【宀】-총7획
襄	xiāng	도울 양【衣】-총17획
之	zhī	어조사 지【丿】-총4획
仁	rén	어질 인【人】-총4획

- 束手無策 : 어찌할 도리가 없어 손을 묶은 듯이 꼼짝 못함.
- 送舊迎新 : 묵은 해를 보내고 새해를 맞음.
- 宋襄之仁 : 송나라 襄公의 인정. 쓸데없는 인정을 베푸는 것, 무익한 동정이나 배려.

한자	발음	획순 · 뜻
首	shǒu	丶 丷 亠 䒑 产 产 首 首 首　머리 수【首】-총9획
邱	qiū	丘 丘 丘 丘 丘 丘 邱 邱　땅이름 구【邑】-총8획
初	chū	丶 ㇇ 礻 礻 衤 初 初　처음 초【刀】-총7획
心	xīn	丶 心 心 心　마음 심【心】-총4획
手	shǒu	一 二 三 手　손 수【手】-총4획
不	bú	一 丆 不 不　아니 불【一】-총4획
釋	shì	釋 (20획)　풀 석【釆】-총20획
卷	juàn	丷 䒑 兰 关 券 卷　책 권【卩】-총8획
首	shǒu	丶 丷 亠 䒑 产 产 首 首 首　머리 수【首】-총9획
鼠	shǔ	鼠 (13획)　쥐 서【鼠】-총13획
兩	liǎng	一 厂 门 币 币 兩 兩 兩　두 량【入】-총8획
端	duān	立 立 立 立 立 竝 竝 竝 竝 竝 竝 端 端 端　끝 단【立】-총14획

- 首邱初心 : 여우가 죽을 때 머리를 제가 살던 굴 쪽으로 두고 죽는다는 이야기에서 나온 말로 고향을 그리워하는 사람들의 마음을 표현할 때 쓰는 말.
- 手不釋卷 : 손에서 책을 놓지 않음, 부지런히 학문에 힘씀.
- 首鼠兩端 : 구멍에서 머리만 내밀고 좌우를 살피는 쥐라는 뜻. 진퇴·거취를 정하지 못하고 망설이는 상태, 두 마음을 가지고 기회를 엿봄.

漱	shù	양치질 수【水】－총14획
石	shí	돌 석【石】－총5획
枕	zhěn	베개 침【木】－총8획
流	liú	흐를 류【水】－총9획
袖	xiù	소매 수【衣】－총10획
手	shǒu	손 수【手】－총4획
傍	páng	곁 방【人】－총12획
觀	guān	볼 관【見】－총25획
水	shuǐ	물 수【水】－총4획
魚	yú	고기 어【魚】－총11획
之	zhī	어조사 지【丿】－총4획
交	jiāo	사귈 교【亠】－총6획

- 漱石枕流 : 돌로 양치질하고 흐르는 물을 베개로 삼는다는 뜻으로 틀린 말임에도 잘못을 인정하려 들지 않고 억지를 씀.
- 袖手傍觀 : 팔짱을 끼고 바라만 본다는 뜻으로 당연히 해야 할 일에 아무런 도움도 주지 않고 그냥 옆에서 보고만 있을 때에 비유해서 씀.
- 水魚之交 : 물과 고기의 사귐이란 뜻으로 매우 친밀하게 사귀어 떨어질 수 없는 사이를 말함.

守	shǒu	지킬 수【宀】－총6획
株	zhū	그루 주【木】－총10획
待	dài	기다릴 대【彳】－총9획
兎	tù	토끼 토【儿】－총7획
水	shuǐ	물 수【水】－총4획
滴	dī	물방울 적【水】－총14획
穿	chuān	뚫을 천【穴】－총9획
石	shí	돌 석【石】－총5획
菽	shú	콩 숙【艸】－총12획
麥	mài	보리 맥【麥】－총11획
不	bú	아니 불【一】－총4획
辨	biàn	분별할 변【辛】－총21획

- 守株待兎 : 중국 송나라의 한 농부가 밭일을 하다가 우연히 나무 그루터기에 토끼가 부딪혀 죽은 것을 잡은 후 또 그와 같이 토끼를 잡을까 하여 일도 하지 않고 그루터기만 지키고 있었다는 고사에서 한 가지 일에만 얽매여 발전을 모르는 어리석음의 비유=守株.
- 水滴穿石 : 물방울이 끊임없이 떨어져 돌을 뚫는다. 곧 작은 노력이라도 끈기있게 계속하면 큰일을 이룰 수 있음을 비유.
- 菽麥不辨 : 콩인지 보리인지 분간하지 못할 만큼 어리석음.

脣	chún	입술 순 【肉】 -총11획
亡	wáng	망할 망 【亠】 -총3획
齒	chǐ	이 치 【齒】 -총15획
寒	hán	찰 한 【宀】 -총12획
識	shí	알 식 【言】 -총19획
字	zì	글자 자 【子】 -총6획
憂	yōu	근심 우 【心】 -총15획
患	huàn	근심 환 【心】 -총11획
食	shí	먹을 식 【食】 -총9획
指	zhǐ	손가락 지 【手】 -총9획
動	dòng	움직일 동 【力】 -총11획

- 脣亡齒寒 : 입술을 잃으면 이가 시리다는 뜻으로 이웃 나라가 가까운 사이의 한 쪽이 망하면 다른 한 쪽도 온전하기 어려움의 비유. 서로 도우며 떨어질 수 없는 밀접한 관계, 또는 서로 도움으로써 성립되는 관계의 비유.
- 識字憂患 : 학식이 있는 것이 도리어 근심을 사게 됨.
- 食指動 : 둘째 손가락이 움직인다는 말에서 바뀌어 사물을 구하려는 마음이 일어나는 것을 말하게 되고 야심을 가진다는 뜻으로 사용됨.

神 shén	一 二 亍 亓 示 示 礻 礻 礻 神　귀신 신【示】-총10획
出 chū	丨 屮 屮 出 出　날 출【凵】-총5획
鬼 guǐ	′ ⺊ 白 白 由 由 鬼 鬼 鬼 鬼　귀신 귀【鬼】-총10획
沒 mò	` ` 氵 氵 沪 沒 沒　빠질 몰【水】-총7획
十 shí	一 十　열 십【十】-총2획
匙 chí	丨 冂 日 日 旦 早 早 昰 是 是 匙　숟가락 시【匕】-총11획
一 yí	一　한 일【一】-총1획
飯 fàn	ノ 𠆢 𠆢 今 今 今 今 今 食 飣 飯 飯 飯　밥 반【食】-총13획
阿 ē	７ ３ 阝 阝 阿 阿 阿 阿　언덕 아【阜】-총8획
鼻 bí	′ ⺊ 白 白 自 自 自 鼻 鼻 鼻 鼻 鼻 鼻 鼻　코 비【鼻】-총14획
叫 jiào	丨 口 口 叫 叫　부르짖을 규【口】-총5획
喚 huàn	丨 口 口 口 口 口 口 喚 喚 喚 喚 喚　부를 환【口】-총12획

- 神出鬼沒 : 신이나 잡귀가 자유자재로 나타났다가 사라지곤 하여 걷잡을 수 없다는 뜻으로 언제 어디에 나타났다 사라질지 알 수 없는 것을 이름.
- 十匙一飯 : 열 사람이 한 숟가락씩만 덜어내도 한 사람이 먹을 만큼의 밥이 된다는 뜻으로 여러 사람이 힘을 합하면 한 사람 정도는 충분히 도울 수 있음을 말함.
- 阿鼻叫喚 : 지옥에서 아우성을 친다는 뜻으로 처참한 지경에서 허우적거리는 모양을 말함.

我 wǒ	㇒ 二 于 手 扌 我 我	나 아【戈】－총7획
田 tián	丨 冂 日 田 田	밭 전【田】－총5획
引 yǐn	㇆ ㇆ 弓 引	끌 인【弓】－총4획
水 shuǐ	亅 刁 水 水	물 수【水】－총4획
安 ān	' '' 宀 安 安 安	편안할 안【宀】－총6획
貧 pín	ノ 八 分 分 贫 贫 貧 貧 貧 貧 貧	가난할 빈【貝】－총11획
樂 lè	' 亻 白 白 白 伯 绾 绾 䌛 䌛 䌛 樂 樂 樂 樂	즐길 락【木】－총15획
道 dào	` ソ 䒑 䒑 产 首 首 首 首 首 道 道 道	길 도【辶】－총13획
眼 yǎn	丨 П 月 目 目 目7 目ヨ 目ヨ 眼 眼 眼	눈 안【目】－총11획
中 zhōng	丨 冂 口 中	가운데 중【丨】－총4획
之 zhī	' 亠 ㇇ 之	어조사 지【ノ】－총4획
釘 dīng	ノ 人 亼 仝 全 숙 金 金 釘 釘	못 정【金】－총10획

- 我田引水 : 내 논에 물 대기라는 뜻으로 남은 상관하지 않고 자기에게만 유리하게 처리한다는 말.
- 安貧樂道 : 가난하지만 편안한 마음으로 도를 즐김.
- 眼中之釘 : 눈에 박힌 못이라는 뜻. 곧 나에게 해를 끼치는 사람의 비유. 몹시 싫거나 미워서 항상 눈에 거슬리는 사람(눈엣가시)의 비유.

한자	필순 및 뜻
眼 yǎn	눈 안【目】-총11획
下 xià	아래 하【一】-총3획
無 wú	없을 무【火】-총12획
人 rén	사람 인【人】-총2획
暗 àn	어두울 암【日】-총13획
中 zhōng	가운데 중【丨】-총4획
摸 mō	찾을 모【手】-총14획
索 suǒ	찾을 색【糸】-총10획
曖 ài	희미할 애【日】-총17획
昧 mèi	어두울 매【日】-총9획
模 mó	본뜰 모【木】-총15획
糊 hú	풀 호【米】-총15획

- 眼下無人 : 자기말고는 아무도 없는 것처럼 교만한 사람을 일컬음.
- 暗中摸索 : 어두운 가운데서 손으로 더듬으며 힘들여 찾는다는 뜻으로 확실한 방법을 알지 못한 채 이리저리 시도해 보는 것을 말함.
- 曖昧模糊 : 사물의 이치가 희미하고 분명치 않음.

羊 yáng	양 양【羊】－총6획
頭 tóu	머리 두【頁】－총16획
狗 gŏu	개 구【犬】－총8획
肉 ròu	고기 육【肉】－총6획
良 liáng	어질 량【艮】－총7획
禽 qín	새 금【内】－총13획
擇 zé	가릴 택【手】－총16획
木 mù	나무 목【木】－총4획
梁 liáng	들보 량【木】－총11획
上 shàng	위 상【一】－총3획
君 jūn	임금 군【口】－총7획
子 zǐ	아들 자【子】－총3획

● 羊頭狗肉 : 밖에는 양 머리를 걸어 놓고 안에서는 개고기를 판다는 뜻으로 겉으로는 훌륭하나 뒤로 비겁한 행동을 하는 사람을 가리킬 때 쓰임.

● 良禽擇木 : 현명한 새는 좋은 나무를 가려서 둥지를 친다는 뜻으로 현명한 사람은 자기 재능을 키워줄 훌륭한 사람을 가려서 섬김의 비유.

● 梁上君子 : 대들보 위의 군자. 집안에 들어온 도둑을 비유하는 것에서 전하여 천장 위의 쥐를 달리 일컫는 말로 쓰이기도 함.

良	liáng	좋을 량 · 양【艮】-총7획
藥	yào	약 약【艸】-총19획
苦	kǔ	쓸 고【艹】-총9획
口	kǒu	입 구【口】-총3획
楊	yáng	버들 양【木】-총13획
布	bù	베 포【巾】-총5획
之	zhī	어조사 지【丿】-총4획
狗	gǒu	개 구【犬】-총8획
漁	yú	고기잡을 어【水】-총14획
父	fù	아비 부【父】-총4획
之	zhī	어조사 지【丿】-총4획
利	lì	이로울 리【刀】-총7획

- 良藥苦口 : 좋은 약은 입에 쓰다는 뜻으로 忠言은 귀에 거슬린다는 말.
- 楊布之狗 : 양포의 개. 겉이 달라졌다고 해서 속까지 달라진 걸로 알고 있는 사람.
- 漁父之利 : 어부의 이득이라는 뜻으로 도요새와 조개가 싸우고 있을 때에 어부가 쉽게 둘 다 잡았다는 고사에서 나온 말로 쌍방이 다투는 사이에 제삼자가 힘들이지 않고 이득을 챙긴다는 말.

語	yǔ	말씀 어【言】－총14획
不	bù	아니 불【一】－총4획
成	chéng	이룰 성【戈】－총7획
說	shuō	말씀 설【言】－총14획
焉	yān	어찌 언【火】－총11획
敢	gǎn	감히 감【攴】－총12획
生	shēng	날 생【生】－총5획
心	xīn	마음 심【心】－총4획
言	yán	말씀 언【言】－총7획
語	yǔ	말씀 어【言】－총14획
道	dào	길 도【辵】－총13획
斷	duàn	끊을 단【斤】－총18획

- 語不成說 : 말의 앞뒤가 사리에 맞지 않고 일이 이치에 전혀 맞지 않을 때 쓰는 말.
- 焉敢生心 : 어찌 감히 그런 마음을 먹을 수 있으랴의 뜻. 감히 그런 마음을 품을 수도 없음.
- 言語道斷 : 진리는 언어가 끊어진 곳에 있다는 뜻이나 말 길이 끊어졌다는 뜻으로 사용되어 어이가 없어서 말도 나오지 않을 정도로 당치 않은 것을 일컬을 때 쓰임.

言	yán	一 二 亠 言 言 言 言	말씀 언【言】-총7획
中	zhōng	丨 冂 口 中	가운데 중 【丨】-총4획
有	yǒu	丿 ナ 才 有 有 有	있을 유【月】-총6획
骨	gǔ	丨 冂 冂 冎 冎 冎 骨 骨 骨 骨	뼈 골【骨】-총10획
餘	yú	丿 人 今 今 今 今 食 食 食 食 餘 餘 餘 餘 餘 餘	남을 여【食】-총16획
桃	táo	一 十 才 木 杉 杉 杉 桃 桃 桃	복숭아 도【木】-총10획
之	zhī	丶 亠 ラ 之	어조사 지【丿】-총4획
罪	zuì	丨 冂 冂 罒 罒 罗 罗 罗 罗 罪 罪 罪 罪	허물 죄【网】-총13획
如	rú	く 女 女 如 如 如	같을 여【女】-총6획
履	lǚ	一 コ 尸 尸 尸 尸 尸 尸 屏 屏 屏 屏 履 履 履	밟을 리【尸】-총15획
薄	bó	丿 ト ト 卝 艹 艹 艹 芦 芦 芦 蒲 蒲 蒲 蒲 蒲 薄 薄	엷을 박【艹】-총17획
氷	bīng	亅 刁 水 氵 氷	얼음 빙【水】-총5획

- 言中有骨 : 말 속에 뼈가 있다는 뜻으로 언뜻 들으면 농담같지만 되새겨 보면 그 말 속에 어떤 뜻이 있음을 말함.
- 餘桃之罪 : 먹다 남은 복숭아를 먹인 죄란 뜻으로 애정과 증오의 변화가 심함의 비유.
- 如履薄氷 : 매우 위태로운 상태나 매우 조심스런 행동. 엷은 얼음을 밟는 것과 같음.

易	yì	바꿀 역 · 쉬울 이 【日】 –총8획
地	dì	땅 지 【土】 –총6획
思	sī	생각할 사 【心】 –총9획
之	zhī	그것 지 【丿】 –총4획
緣	yuán	인연 연 【糸】 –총15획
木	mù	나무 목 【木】 –총4획
求	qiú	구할 구 【水】 –총7획
魚	yú	고기 어 【魚】 –총11획
五	wǔ	다섯 오 【二】 –총4획
車	jū	수레 거 【車】 –총7획
之	zhī	어조사 지 【丿】 –총4획
書	shū	글 서 【曰】 –총10획

- 易地思之 : 처지를 바꾸어 생각함.
- 緣木求魚 : 나무에 올라 물고기를 구한다는 뜻으로 수고만 하고 아무 것도 얻지 못함을 비유한다. 또 도저히 불가능한 일을 하려 하거나 잘못된 방법으로 목적을 이루려하는 것을 말함.
- 五車之書 : 다섯 수레에 가득 실을 만큼 많은 藏書.

五	wǔ	다섯 오	【二】	-총4획
里	lǐ	마을 리	【里】	-총7획
霧	wù	안개 무	【雨】	-총19획
中	zhōng	가운데 중	【丨】	-총4획
寤	wù	깰 오	【宀】	-총14획
寐	mèi	잘 매	【宀】	-총12획
不	bú	아니 불	【一】	-총4획
忘	wàng	없어질 망	【心】	-총7획
烏	wū	까마귀 오	【火】	-총10획
飛	fēi	날 비	【飛】	-총9획
梨	lí	배나무 리	【木】	-총11획
落	luò	떨어질 락	【艸】	-총13획

- 五里霧中 : 사방 5리에 안개가 덮여 있는 속이라는 뜻으로 사물의 행방이나 사태의 추이를 알 길이 없음의 비유.
- 寤寐不忘 : 자나 깨나 잊지 못함.
- 烏飛梨落 : 까마귀 날자 배 떨어진다는 뜻으로 공교롭게도 어떤 일이 같은 때에 일어나서 그 일로 인하여 남에게 의심을 받게 되는 것을 말함.

吳 wú	오나라 오【口】－총7획
越 yuè	넘을 월【走】－총12획
同 tóng	한가지 동【口】－총6획
舟 zhōu	배 주【舟】－총6획
烏 wū	까마귀 오【火】－총10획
合 hé	합할 합【口】－총6획
之 zhī	어조사 지【丿】－총4획
衆 zhòng	무리 중【血】－총12획
屋 wū	집 옥【尸】－총9획
上 shàng	위 상【一】－총3획
加 jiā	더할 가【力】－총5획
屋 wū	집 옥【尸】－총9획

- 吳越同舟 : 적대 관계에 있는 오나라 사람과 월나라 사람이 같은 배를 타고 있다는 뜻으로 서로 적의를 품은 사람끼리 같은 장소·처지에 놓이거나 적의를 품은 사람끼리라도 필요한 경우에는 서로 도움을 말함.
- 烏合之衆 : 까마귀 떼 같이 질서 없는 무리라는 뜻으로 규율도 통일성도 없는 군중이나 갑자기 모인 훈련을 거치지 않은 형편없는 軍勢.
- 屋上加屋 : 지붕 위에 지붕을 더한다는 뜻으로 무슨 일을 부질없이 거듭함의 비유.

溫	wēn	따뜻할 온【水】-총13획
故	gù	연고 고【攴】-총9획
知	zhī	알 지【矢】-총8획
新	xīn	새 신【斤】-총13획
蝸	wō	달팽이 와【虫】-총15획
角	jiǎo	뿔 각【角】-총7획
之	zhī	어조사 지【丿】-총4획
爭	zhēng	다툴 쟁【爪】-총8획
臥	wò	누울 와【臣】-총8획
薪	xīn	땔나무 신【艸】-총17획
嘗	cháng	맛볼 상【口】-총14획
膽	dǎn	쓸개 담【月】-총17획

- 溫故知新 : 옛 것을 잘 알고 익혀 두면 그것을 바탕으로 새로운 것을 창조해낼 수 있다는 말.
- 蝸角之爭 : 달팽이 촉각 위에서의 싸움. 쓸데없는 다툼을 비유.
- 臥薪嘗膽 : 섶 위에서 잠을 자고 쓸개를 맛본다는 뜻으로 목적을 달성하기 위해 온갖 고난을 참고 견딘다는 말.

遼 liáo	一 ナ 大 大 夾 夾 夯 夯 杳 脊 脊 尞 寮 潦 潦 遼　나라 이름 요【辶】－총16획
東 dōng	一 丅 冂 冃 曰 申 東 東　동녘 동【木】－총8획
之 zhī	' 亠 ㇇ 之　어조사 지【丿】－총4획
豕 shǐ	一 ㇖ 丂 豕 豕 豕 豕　돼지 시【豕】－총7획
樂 yào	′ ľ 白 白 白 ‹白 䌛 䌛 䌛 䌛 䌛 樂 樂 樂 樂　좋아할 요【木】－총15획
山 shān	丨 山 山　메 산【山】－총3획
樂 yào	′ ľ 白 白 白 ‹白 䌛 䌛 䌛 䌛 䌛 樂 樂 樂 樂　좋아할 요【木】－총15획
水 shuǐ	亅 才 水 水　물 수【水】－총4획
龍 lóng	′ 亠 亠 立 立 产 音 音 音 育 背 背 龍 龍 龍 龍　용 룡【龍】－총16획
頭 tóu	一 丅 口 口 戸 豆 豆 豆 豆 頭 頭 頭 頭 頭 頭 頭　머리 두【頁】－총16획
蛇 shé	ı 口 口 中 虫 虫 虫 虫 虵 蛇 蛇　뱀 사【虫】－총11획
尾 wěi	一 ㇇ 尸 尸 尸 尸 尾　꼬리 미【尸】－총7획

- 遼東之豕 : 요동의 돼지라는 뜻으로 견문이 좁고 오만한 탓에 하찮은 공을 득의양양하여 자랑함의 비유.
- 樂山樂水 : 산과 물을 좋아함, 산수를 좋아함.
- 龍頭蛇尾 : 머리는 용처럼 거창하나 꼬리는 뱀의 꼬리처럼 하찮다는 뜻으로 처음 시작은 거창하고 훌륭하지만 뒤로 갈수록 흐지부지해지는 것을 말함.

한자	병음	뜻
愚	yú	어리석을 우【心】-총13획
公	gōng	귀인 공【八】-총4획
移	yí	옮길 이【禾】-총11획
山	shān	메 산【山】-총3획
右	yòu	오른쪽 우【口】-총5획
往	wǎng	갈 왕【彳】-총8획
左	zuǒ	왼 좌【工】-총5획
往	wǎng	갈 왕【彳】-총8획
優	yōu	넉넉할 우【人】-총17획
柔	róu	부드러울 유【木】-총9획
不	bú	아니 부【一】-총4획
斷	duàn	끊을 단【斤】-총18획

- 愚公移山 : 우공이 산을 옮긴다는 뜻으로 어떤 큰일이라도 정성을 다하고 끊임없이 노력하면 반드시 이루어짐의 비유.
- 右往左往 : 이리저리 왔다 갔다 하며 일이나 나아가는 방향을 종잡지 못함.
- 優柔不斷 : 망설이기만 하고 결단성이 없다.

牛 niú	소 우【牛】–총4획
耳 ěr	귀 이【耳】–총6획
讀 dú	읽을 독【言】–총22획
經 jīng	경서 경【糸】–총13획
雨 yǔ	비 우【雨】–총8획
後 hòu	뒤 후【彳】–총9획
竹 zhú	대 죽【竹】–총6획
筍 sǔn	죽순 순【竹】–총12획
鴛 yuān	원앙 원【鳥】–총16획
鴦 yāng	원앙 앙【鳥】–총16획
之 zhī	어조사 지【丿】–총4획
契 qì	계약 계【大】–총9획

- 牛耳讀經 : 소귀에 경 읽기라는 뜻으로 옆에서 아무리 얘기해줘도 느끼지 못하는 것을 말함.
- 雨後竹筍 : 비온 뒤에 솟는 죽순 같다는 뜻으로 어떤 일들이 한꺼번에 많이 일어나는 것을 말함.
- 鴛鴦之契 : 琴瑟이 좋은 부부 사이.

月 yuè	丿 刀 月 月 　달 월 【月】 －총4획
旦 dàn	丨 冂 月 日 旦 　아침 단 【日】 －총5획
評 píng	丶 亠 亠 亠 言 言 言 訂 訂 訂 評 評 　평론할 평 【言】 －총12획
月 yuè	丿 刀 月 月 　달 월 【月】 －총4획
下 xià	一 丅 下 　아래 하 【一】 －총3획
氷 bīng	亅 丬 氵 氺 氷 　얼음 빙 【水】 －총5획
人 rén	丿 人 　사람 인 【人】 －총2획
韋 wéi	乛 土 土 圭 吉 吉 韋 韋 韋 　가죽 위 【韋】 －총9획
編 biān	幺 幺 幺 糸 糸 糸 紀 紀 絹 絹 絹 編 編 編 編 　엮을 편 【糸】 －총15획
三 sān	一 二 三 　석 삼 【一】 －총3획
絶 jué	幺 幺 幺 糸 糸 糸 糸 紅 絁 絁 絁 絶 　끊을 절 【糸】 －총12획

- 月旦評 : ‘매달 첫날의 평’이란 뜻으로 인물에 대한 비평을 일컫는 말.
- 月下氷人 : 月下老와 氷上人이 합쳐진 것으로 결혼 중매인을 일컫는 말.
- 韋編三絶 : 공자가 『주역』을 즐겨 읽어 책의 가죽 끈이 세 번이나 끊어졌다는 데서 유래하여 책을 열심히 읽음을 이르는 말.

類	lèi	무리 류【頁】 –총19획
萬	wàn	일만 만【艸】 –총13획
不	bù	아니 부【一】 –총4획
同	tóng	한가지 동【口】 –총6획
有	yǒu	있을 유【月】 –총6획
備	bèi	갖출 비【人】 –총12획
無	wú	없을 무【火】 –총12획
患	huàn	근심 환【心】 –총11획
流	liú	흐를 류【水】 –총9획
言	yán	말씀 언【言】 –총7획
蜚	fēi	날 비【虫】 –총14획
語	yǔ	말씀 어【言】 –총14획

- 類萬不同 : 비슷한 것들은 수만 가지가 있어도 같지 않다는 뜻으로 모든 것이 서로 같지 아니함을 뜻하는 말. 정도에 넘침, 분수에 맞지 않음.
- 有備無患 : 준비가 있으면 걱정이 없다는 뜻으로 무슨 일이 벌어지기 전에 미리미리 준비해 두면 어려운 일이나 뒷걱정이 없다는 말.
- 流言蜚語 : 아무 근거없이 널리 퍼진 소문, 터무니없이 떠도는 말, 뜬소문.

類	lèi	무리 류【頁】−총19획
類	lèi	무리 류【頁】−총19획
相	xiāng	서로 상【目】−총9획
從	cóng	좇을 종【彳】−총11획
悠	yōu	유구할 유【心】−총11획
悠	yōu	유구할 유【心】−총11획
自	zì	스스로 자【自】−총6획
適	shì	맞을 적【辵】−총15획
泣	qì	울 읍【水】−총8획
斬	zhǎn	벨 참【斤】−총11획
馬	mǎ	말 마【馬】−총10획
謖	sù	일어날 속【言】−총17획

- 類類相從 : 마음이 맞거나 성격 또는 생각하는 것이 같은 사람들끼리 서로서로 모여서 친구가 된다는 말.
- 悠悠自適 : 여유가 있어 한가롭고 걱정이 없는 모양이라는 뜻으로 속세에 속박됨이 없이 자기가 하고 싶은 대로 마음 편히 지냄을 이르는 말.
- 泣斬馬謖 : 울면서 마속을 벤다. 법의 공정을 지키기 위해 사사로운 정을 버리는 것. 큰 목적을 위해 자기가 아끼는 사람을 가차없이 버리는 것을 비유.

異	yì	丨 冂 日 田 田 甲 畀 畀 畢 異 異 다를 이【田】−총12획
口	kǒu	丨 冂 口 입 구【口】−총3획
同	tóng	丨 冂 冂 同 同 同 한가지 동【口】−총6획
聲	shēng	一 十 士 声 声 声 声 声 殸 殸 殸 殸 殸 聲 聲 聲 聲 소리 성【耳】−총17획
以	yǐ	丨 レ レ 以 以 써 이【人】−총5획
心	xīn	丶 心 心 心 마음 심【心】−총4획
傳	chuán	ノ 亻 亻 亻 佢 佢 伸 伸 伸 傅 傳 傳 傳 전할 전【人】−총13획
心	xīn	丶 心 心 心 마음 심【心】−총4획
以	yǐ	丨 レ レ 以 以 써 이【人】−총5획
熱	rè	一 十 土 夫 夫 去 幸 坴 墊 埶 埶 埶 埶 熱 熱 더울 열【火】−총15획
治	zhì	丶 丶 氵 氵 氵 治 治 治 다스릴 치【水】−총8획
熱	rè	一 十 土 夫 夫 去 幸 坴 墊 埶 埶 埶 埶 熱 熱 더울 열【火】−총15획

- 異口同聲 : 여러 사람의 입은 다르나 여러 사람의 말은 같다는 말.
- 以心傳心 : 말이나 글로 표현하지 않았는데도 마음에서 마음으로 생각이 전해져서 서로 통함을 이름.
- 以熱治熱 : 열로써 열을 다스림.

人 rén	丿人 사람 인【人】-총2획
事 shì	一𠃍 ... 事 일 사【亅】-총8획
不 bù	一ア不不 아니 불【一】-총4획
省 xǐng	... 省 살필 성【目】-총9획
因 yīn	丨冂冃冃因因 인할 인【囗】-총6획
果 guǒ	丨冂日日旦甲果果 실과 과【木】-총8획
應 yìng	... 應 응할 응【心】-총17획
報 bào	一十土 ... 報 갚을 보【土】-총12획
人 rén	丿人 사람 인【人】-총2획
生 shēng	丿𠂉𠂇牛生 날 생【生】-총5획
朝 zhāo	一十 ... 朝 아침 조【月】-총12획
露 lù	... 露 이슬 로【雨】-총20획

- 人事不省 : 제 몸에 벌어지는 일을 모를 정도로 정신이 혼미함. 사람으로서의 예절을 차릴줄 모름.
- 因果應報 : 전생에서의 행위의 결과로서 현재의 행복과 불행이 있고, 현세에서의 행위의 결과로서 내세에서의 행복과 불행이 생기는 일.
- 人生朝露 : 인생은 아침 이슬과 같이 덧없다는 말.

一 yì	一 한 일 【一】 –총1획
擧 jǔ	擧 들 거 【手】 –총18획
兩 liǎng	兩 두 량 【入】 –총8획
得 dé	得 얻을 득 【彳】 –총11획
一 yì	一 한 일 【一】 –총1획
刀 dāo	刀 칼 도 【刀】 –총2획
兩 liǎng	兩 두 량 【入】 –총8획
斷 duàn	斷 끊을 단 【斤】 –총18획
一 yì	一 한 일 【一】 –총1획
網 wǎng	網 그물 망 【糸】 –총14획
打 dǎ	打 칠 타 【手】 –총5획
盡 jìn	盡 다할 진 【皿】 –총14획

- 一擧兩得 : 한 가지 일로써 두 가지 이익을 거둔다는 뜻=一石二鳥.
- 一刀兩斷 : 한 칼로 두 동강을 내듯 선뜻 일을 해치운다는 말.
- 一網打盡 : 한 번 그물을 쳐서 일당을 단번에 모조리 잡는다는 뜻으로 요즘에는 범죄 수사 등에서 범인들을 한꺼번에 모두 체포했을 때 사용함.

一	yì	一 한 일 【一】 –총1획
絲	sī	실 사 【糸】 –총12획
不	bú	아니 불 【一】 –총4획
亂	luàn	어지러울 란 【乙】 –총13획
一	yí	一 한 일 【一】 –총1획
葉	yè	잎 엽 【艸】 –총13획
知	zhī	알 지 【矢】 –총8획
秋	qiū	가을 추 【禾】 –총9획
一	yì	一 한 일 【一】 –총1획
以	yǐ	써 이 【人】 –총5획
貫	guàn	꿸 관 【貝】 –총11획
之	zhi	그것 지 【丿】 –총4획

- 一絲不亂 : 여러 갈래의 실타래가 있는데 그 중 한 가닥의 실도 얽히지 않은 잘 정돈된 상태를 말함. 질서정연하여 조금도 어지러움이 없는 상태를 가리킴.
- 一葉知秋 : 『淮南子 · 說山訓』 : "見一落葉而知歲之將暮."에서 유래함. 가까운 일로 먼 것을 논함.
- 一以貫之 : 하나의 이치로써 모든 것을 꿰뚫음, 처음부터 끝까지 변함없음. 『論語』 衛靈公篇 · 里仁篇.

一 yí	一 한 일 【一】 -총1획
日 rì	丨 冂 日 日 날 일 【日】 -총4획
三 sān	一 二 三 석 삼 【一】 -총3획
秋 qiū	一 二 千 禾 禾 利 秋 秋 秋 가을 추 【禾】 -총9획
一 yí	一 한 일 【一】 -총1획
字 zì	丶 丶 宀 宁 字 字 글자 자 【子】 -총6획
千 qiān	一 二 千 일천 천 【十】 -총3획
金 jīn	丿 人 亼 今 全 余 金 金 쇠 금 【金】 -총8획
一 yì	一 한 일 【一】 -총1획
場 chǎng	一 十 土 圠 圯 坦 坦 坦 埸 埸 場 場 마당 장 【土】 -총12획
春 chūn	一 二 三 夫 夫 夫 春 春 春 봄 춘 【日】 -총9획
夢 mèng	一 十 艹 艹 芇 芇 苩 苩 苩 苪 莔 夢 夢 夢 꿈 몽 【夕】 -총14획

- 一日三秋 : 하루가 삼 년 같다는 뜻으로 하루를 넘기기가 매우 힘겹고 지루함을 말함. 또 무엇을 몹시 애태우며 기다릴 때를 가리키기도 함.
- 一字千金 : 한 글자엔 천의 가치가 있다는 뜻으로 아주 빼어난 글자나 詩文을 비유하여 이르는 말.
- 一場春夢 : 한바탕의 봄꿈이라는 뜻. 헛된 榮華나 덧없는 일의 비유.

一	yí	一 한 일 【一】 –총1획
觸	chù	닿을 촉 【角】 –총20획
卽	jí	곧 즉 【卩】 –총9획
發	fā	필 발 【癶】 –총12획
一	yí	一 한 일 【一】 –총1획
敗	bài	패할 패 【攴】 –총11획
塗	tú	진흙 도 【土】 –총13획
地	dì	땅 지 【土】 –총6획
日	rì	날 일 【日】 –총4획
就	jiù	나아갈 취 【尤】 –총12획
月	yuè	달 월 【月】 –총4획
將	jiāng	장수 장 【寸】 –총11획

- 一觸卽發 : 조금만 닿아도 곧 폭발하다는 뜻으로 매우 아슬아슬하고 긴장되어 있는 상태를 말함.
- 一敗塗地 : 한 번 패해 넘어지면 간과 뇌가 땅에 뒹군다는 뜻. 여지없이 패하여 다시 일어날 수 없게 됨.
- 日就月將 : 하루가 다르게 한 달이 다르게 발전해감.

立 lì	' 亠 亣 立 立 설 립【立】-총5획
身 shēn	′ 丨 门 自 自 身 身 몸 신【身】-총7획
揚 yáng	一 十 扌 扌 扣 押 押 捍 捍 揚 揚 揚 날릴 양【手】-총12획
名 míng	ノ ク タ 夕 名 名 이름 명【口】-총6획
自 zì	′ 丨 门 白 自 自 스스로 자【自】-총6획
家 jiā	' 丶 宀 宀 宁 宇 家 家 家 家 집 가【宀】-총10획
撞 zhuàng	一 十 扌 扌 扩 扩 护 护 拃 揞 揞 揞 撞 撞 撞 칠 당【手】-총15획
着 zháo	` ` 丷 ⺷ 关 关 羊 羊 着 着 着 着 붙을 착【羊】-총11획
自 zì	′ 丨 门 白 自 自 스스로 자【自】-총6획
激 jī	` ` 氵 氵 氵 泊 泊 泊 泊 泊 湾 湧 湧 滂 滂 激 격할 격【水】-총16획
之 zhī	' 亠 ラ 之 어조사 지【ノ】-총4획
心 xīn	ノ 心 心 心 마음 심【心】-총4획

- 立身揚名 : 입신출세하여 세상에 이름을 드날림.
- 自家撞着 : 자기가 한 말이나 글의 앞뒤가 맞지 않는다는 뜻으로 특히 말과 행동이 앞뒤가 맞지 않을 때를 말함.
- 自激之心 : 어떤 일에 대하여 자기 스스로 미흡하게 여기는 마음.

自 zì	′ 丨 门 白 自 自　스스로 자【自】－총6획
繩 shéng	纟 幺 幺 糸 糸 糸 糸 糹 紀 紀 紀 紀 紀 繩 繩 繩 繩 繩 繩　노끈 승【糸】－총19획
自 zì	′ 丨 门 白 自 自　스스로 자【自】－총6획
縛 fù	纟 幺 幺 糸 糸 糸 糸 紅 絈 絈 絧 紳 紳 縛 縛 縛　묶을 박【糸】－총16획
自 zì	′ 丨 门 白 自 自　스스로 자【自】－총6획
暴 bào	丨 日 日 旦 旦 早 昇 昰 異 異 暴 暴 暴 暴 暴　사나울 포・폭【日】－총15획
自 zì	′ 丨 门 白 自 自　스스로 자【自】－총6획
棄 qì	ˋ 亠 亡 云 去 去 夳 奋 奋 畚 棄 棄　버릴 기【木】－총12획
作 zuò	丿 亻 亻 亻 竹 作 作　지을 작【人】－총7획
心 xīn	ˊ 心 心 心　마음 심【心】－총4획
三 sān	一 二 三　석 삼【一】－총3획
日 rì	丨 冂 日 日　날 일【日】－총4획

- 自繩自縛 : 스스로 만든 줄로 제 몸을 옭아 묶는다는 뜻. 자신이 한 말과 행동에 자신이 옭혀 들어감. 제 마음으로 번뇌를 일으켜 괴로워함.
- 自暴自棄 : 스스로 자신을 학대하고 돌보지 아니함.
- 作心三日 : 품은 마음이 사흘을 가지 못한다는 뜻. 결심이 굳지 못함. 지어먹은 마음이 사흘을 못 간다와 같은 말.

한자	필순 및 뜻
張 zhāng	ㄱ ㄱ 弓 弓 弘 弡 弡 弫 張 張 張 베풀 장【弓】-총11획
三 sān	一 二 三 석 삼【一】-총3획
李 lǐ	一 十 才 木 本 李 李 오얏·성 리【木】-총7획
四 sì	丨 冂 冂 四 四 넉 사【口】-총5획
賊 zéi	丨 冂 冃 冃 目 貝 貝 貝 貝 貯 賊 賊 賊 도적 적【貝】-총13획
反 fǎn	一 厂 万 反 돌이킬 반【又】-총4획
荷 hé	一 十 廾 艹 艹 芢 芢 苻 荷 荷 荷 연 하【艸】-총11획
杖 zhàng	一 十 才 木 木 杖 杖 지팡이 장【木】-총7획
赤 chì	一 十 土 土 赤 赤 赤 붉을 적【赤】-총7획
子 zǐ	了 了 子 아들 자【子】-총3획
之 zhī	丶 亠 ㄅ 之 어조사 지【丿】-총4획
心 xīn	丶 心 心 心 마음 심【心】-총4획

- 張三李四 : 장씨의 셋째 아들과 이씨의 넷째 아들이라는 뜻. 이름이나 신분이 특별하지 않은 평범한 사람들.
- 賊反荷杖 : 도둑이 도리어 매를 든다는 뜻으로 잘못을 저지른 사람이 도리어 잘한 사람을 나무라는 것을 말함.
- 赤子之心 : 어린 아이의 마음, 어린 아이 때 그대로의 순진한 마음, 선량하고 순결한 마음.

電	diàn	번개 전【雨】－총13획
光	guāng	빛 광【儿】－총6획
石	shí	돌 석【石】－총5획
火	huǒ	불 화【火】－총4획
戰	zhàn	싸울 전【戈】－총16획
戰	zhàn	싸울 전【戈】－총16획
兢	jīng	조심할 긍【儿】－총14획
兢	jīng	조심할 긍【儿】－총14획
輾	zhǎn	돌아누울 전【車】－총17획
轉	zhuǎn	구를 전【車】－총18획
反	fǎn	돌이킬 반【又】－총4획
側	cè	곁 측【人】－총11획

- 電光石火 : 번갯불이나 부싯돌의 번쩍이는 불꽃과 같다는 뜻으로 순간적으로 사라져 버리는 짧고 덧없는 시간을 말함. 또 행동이나 동작이 매우 재빠름을 이르기도 함.
- 戰戰兢兢 : 두려워서 벌벌 떨며 조심하는 모양. 전전이란 몹시 두려워서 벌벌 떠는 모양이고, 긍긍이란 몸을 움츠리고 조심하는 모양을 말한다. 무슨 일을 결정할 때 확실하게 하지 못하고 망설이는 것을 가리킴.
- 輾轉反側 : 누워서 몸을 이리저리 뒤척이며 잠을 이루지 못함.

轉	zhuǎn	구를 전【車】 -총18획
禍	huò	재앙 화【示】 -총14획
爲	wéi	할 위【爪】 -총12획
福	fú	복 복【示】 -총14획
切	qiē	끊을 절【刀】 -총4획
磋	cuō	갈 차【口】 -총13획
琢	zhuó	쪼 탁【玉】 -총12획
磨	mó	갈 마【石】 -총16획
切	qiè	끊을 절【刀】 -총4획
齒	chǐ	이 치【齒】 -총15획
腐	fǔ	썩을 부【肉】 -총14획
心	xīn	마음 심【心】 -총4획

- 轉禍爲福 : 禍를 바꾸어 오히려 복이 된다는 뜻으로 갑자기 불행을 당했을 경우 그것을 극복함으로써 오히려 예전보다 더 나은 상태가 되었을 때를 말함.
- 切磋琢磨 : 돌·상아·옥·뼈 등을 깎고 갈고 닦아서 빛을 낸다는 뜻으로 수양에 수양을 쌓음. 학문·덕행·기예 등을 향상시켜 나가는 것을 일컬음.
- 切齒腐心 : 몹시 분하여 이를 갈고 속을 썩임.

漸	jiàn	丶 丶 氵 氵 汇 洹 洹 洹 渖 漸 漸 漸 漸 漸 점점 점【水】－총14획
入	rù	ノ 入 들 입【入】－총2획
佳	jiā	丿 亻 仁 仕 佳 佳 佳 佳 아름다울 가【亻】－총8획
境	jìng	一 十 土 圹 圹 圹 垃 埣 埣 培 培 培 境 境 지경 경【土】－총14획
頂	dǐng	一 丁 丁 丁 丁 顶 頂 頂 頂 頂 頂 정수리 정【頁】－총11획
門	mén	丨 冂 冂 冃 冃 門 門 門 문 문【門】－총8획
一	yì	一 한 일【一】－총1획
鍼	zhēn	丿 人 스 스 숙 숙 金 金 釒 釒 鉦 鉦 鉦 鉦 鍼 鍼 鍼 바늘 침【金】－총17획
井	jǐng	一 二 井 井 우물 정【二】－총4획
底	dǐ	丶 亠 广 广 庀 庀 底 底 밑 저【广】－총8획
之	zhī	丶 亠 ㇇ 之 어조사 지【丿】－총4획
蛙	wā	丨 口 口 中 虫 虫 虫 虫 虫 蚌 蛙 蛙 개구리 와【虫】－총12획

- 漸入佳境 : 들어갈수록 아주 재미가 있음.
- 頂門一鍼 : 정수리에 침을 놓는다는 뜻으로 어떤 일에 대해 따끔한 비판을 하거나 잘못된 점을 지적하고 타이를 때 씀.
- 井底之蛙 : 우물 안 개구리라는 뜻으로 식견이 좁음의 비유.

糟	zāo	지게미 조【米】-총17획
糠	kāng	겨 강【米】-총17획
之	zhī	어조사 지【丿】-총4획
妻	qī	아내 처【女】-총8획
朝	zhāo	아침 조【月】-총12획
令	lìng	하여금 령【人】-총5획
暮	mù	저물 모【日】-총15획
改	gǎi	고칠 개【攴】-총7획
朝	zhāo	아침 조【月】-총12획
三	sān	석 삼【一】-총3획
暮	mù	저물 모【日】-총15획
四	sì	넉 사【口】-총5획

- 糟糠之妻 : 술지게미와 겨로 끼니를 이을 만큼 어려울 때 함께 고생하던 아내.
- 朝令暮改 : 아침에 명령을 내렸다가 저녁에 다시 고친다는 뜻. 법령을 자꾸 이리저리 고쳐 갈피를 잡기가 어려움을 이르는 말.
- 朝三暮四 : 아침에는 세 개, 저녁에는 네 개라는 뜻으로 당장 눈앞에 보이는 이익의 차이만 생각하고 그 결과가 같음을 알지 못하는 어리석음, 또는 간사한 잔꾀로 남을 속여 희롱함을 이르는 말.

助	zhù	一 十 𠫓 古 古 古 直 卓 朝 朝朝朝	도울 조【力】−총7획
長	zhǎng	一 厂 F F トE 長 長 長	어른 장【長】−총8획
鳥	niǎo	′ 亻 白 白 白 鳥 鳥鳥鳥鳥鳥	새 조【鳥】−총11획
足	zú	丨 口 口 早 早 足 足	발 족【足】−총7획
之	zhī	′ 亠 ㇇ 之	어조사 지【丿】−총4획
血	xiě	′ 亻 白 血 血 血	피 혈【血】−총6획
左	zuǒ	一 ナ 左 左 左	왼 좌【工】−총5획
袒	tǎn	′ ㇇ 衤 衤 衤 衵 衵 袒 袒 袒	옷 벗어 멜 단【衣】−총10획
主	zhǔ	丶 亠 亠 丰 主	주인 주【丶】−총5획
客	kè	′ ′′ 宀 宀 安 安 客 客 客	손 객【宀】−총9획
顚	diān	一 ㄷ 旨 旨 旨 旨 旨 眞 眞 眞 眞 眞 眞 顚 顚 顚 顚 顚 顚	엎어질 전【頁】−총19획
倒	dǎo	ノ 亻 仁 仨 仨 侄 侄 侄 倒 倒	넘어질 도【人】−총10획

- 助長 : 도와서 성장시킨다는 뜻이나 급히 크게 하고자 무리하게 힘을 가하면 도리어 모든 것을 해치게 된다는 뜻도 지니고 있음.
- 鳥足之血 : 새 발의 피라는 뜻으로 아주 보잘 것이 없음을 나타냄.
- 左袒 : 웃옷의 왼쪽 어깨를 벗는다는 뜻으로 남에게 편들어 동의함을 이르는 말.
- 主客顚倒 : 주인과 손님의 자리가 바뀌었다는 뜻으로 본래의 자리가 뒤바뀐 것을 보고 하는 말.

晝	zhòu	낮 주【日】-총11획
耕	gēng	밭갈 경【耒】-총10획
夜	yè	밤 야【夕】-총8획
讀	dú	읽을 독【言】-총22획
走	zǒu	달릴 주【走】-총7획
馬	mǎ	말 마【馬】-총10획
加	jiā	더할 가【力】-총5획
鞭	biān	채찍 편【革】-총18획
走	zǒu	달릴 주【走】-총7획
馬	mǎ	말 마【馬】-총10획
看	kàn	볼 간【目】-총9획
山	shān	메 산【山】-총3획

- 晝耕夜讀 : 낮에는 밭을 갈고 밤에는 글을 읽는다는 뜻으로 환경이 아무리 어려워도 그것을 탓하지 않고 배움을 게을리하지 않음을 말함.
- 走馬加鞭 : 달리는 말에 계속 채찍질을 한다는 뜻으로 최선을 다하여 열심히 하고 있는 사람을 더욱 부추기거나 몰아친다는 말.
- 走馬看山 : 달리는 말 위에서 산의 경치를 구경한다는 뜻으로 자세하게 못 보고 대충 대충 보고 지나친다는 말.

酒 jiǔ	丶 氵 氵 汀 沂 沔 洒 酒 酒 酒　술 주【酉】－총10획
池 chí	丶 氵 氵 汋 沖 池　못 지【水】－총6획
肉 ròu	丨 冂 内 内 肉 肉　고기 육【肉】－총6획
林 lín	一 十 才 木 木 村 材 林　수풀 림【木】－총8획
竹 zhú	丿 𠂉 个 竹 竹 竹　대 죽【竹】－총6획
馬 mǎ	丨 厂 F F 犀 馬 馬 馬 馬 馬　말 마【馬】－총10획
之 zhī	丶 亠 ㇇ 之　어조사 지【丿】－총4획
友 yǒu	一 ナ 方 友　벗 우【又】－총4획
衆 zhòng	丶 丷 白 血 血 血 衆 衆 衆 衆 衆 衆　무리 중【血】－총12획
寡 guǎ	丶 丷 宀 宀 宀 宀 宵 寅 寅 宣 寘 寘 寡 寡　적을 과【宀】－총14획
不 bù	一 丆 不 不　아니 부【一】－총4획
敵 dí	丶 亠 ナ 立 产 产 产 斉 斉 商 商 商 商 敵 敵　대적할 적【攴】－총15획

- 酒池肉林 : 술로 池(못)를 이루고 고기로 숲을 이룬다는 뜻으로 극히 호사스럽고 방탕한 酒宴을 일컫는 말.
- 竹馬之友 : 대나무 말을 타고 놀던 친구라는 뜻으로 어릴 때부터 함께 자란 친구라는 말임 = 竹馬故友.
- 衆寡不敵 : 적은 수효가 많은 수효를 대적하지 못한다는 뜻.

衆	zhòng	′ ′′ 㐃 血 … 衆 무리 중【血】−총12획
口	kǒu	丨 冂 口 입 구【口】−총3획
難	nán	一 十 廾 艹 … 難 어려울 난【隹】−총19획
防	fáng	㇇ 阝 阝 阝′ 阝亠 阝方 防 막을 방【阜】−총7획
指	zhǐ	一 扌 扌 扌′ 扌匕 扌旨 … 指 손가락 · 가리킬 지【手】−총9획
鹿	lù	′ 亠 广 … 鹿 사슴 록【鹿】−총11획
爲	wéi	⺈ … 爲 할 위【爪】−총12획
馬	mǎ	丨 𠃋 … 馬 말 마【馬】−총10획
支	zhī	一 十 支 支 지탱할 지【支】−총4획
離	lí	′ 亠 ㅗ 文 … 離 떠날 리【隹】−총19획
滅	miè	` 氵 氵 … 滅 멸할 멸【水】−총13획
裂	liè	一 万 歹 歹 列 列 … 裂 찢을 렬【衣】−총12획

- 衆口難防 : 여러 사람의 말은 막기가 어렵다는 뜻으로 여러 사람들이 하는 말을 다 알아들을 수가 없다는 말.
- 指鹿爲馬 : 사슴을 가리켜 말이라고 함. 윗사람을 농락하여 마음대로 휘두름. 위압적으로 남에게 잘못을 밀어붙여 끝까지 속이려함의 비유.
- 支離滅裂 : 갈갈이 찢기고 헝크러져서 일의 갈피를 잡지 못한다는 말.

池	chí	丶 冫 氵 汋 氿 池	못 지	【水】	–총6획
魚	yú	ノ 𠂊 𠂊 仵 角 角 鱼 魚 魚 魚 魚	고기 어	【魚】	–총11획
之	zhī	丶 亠 ㇇ 之	어조사 지	【ノ】	–총4획
殃	yāng	一 丆 歹 歹 歹 歼 殃 殃 殃	재앙 앙	【歹】	–총9획
知	zhī	ノ 𠂉 𠂉 午 矢 矢 知 知	알 지	【矢】	–총8획
彼	bǐ	ノ 彳 彳 彳 彷 彷 彼 彼	저 피	【彳】	–총8획
知	zhī	ノ 𠂉 𠂉 午 矢 矢 知 知	알 지	【矢】	–총8획
己	jǐ	乛 コ 己	몸 기	【己】	–총3획
百	bǎi	一 丆 丆 百 百 百	일백 백	【白】	–총6획
戰	zhàn	丨 吅 吅 吅 吅 吅 罒 胃 胃 胃 單 單 單 戰 戰 戰	싸울 전	【戈】	–총16획
不	bú	一 丆 不 不	아니 불	【一】	–총4획
殆	dài	一 丆 歹 歹 歹 殆 殆 殆 殆	위태할 태	【歹】	–총9획

- 池魚之殃 : 연못 속 물고기의 재앙. 화가 엉뚱한 곳에 미쳐서 상관없는 일의 재난에 휩쓸려 듦을 비유.
- 知彼知己百戰不殆 : 상대를 알고 나를 알면 백 번 싸워도 위태롭지 않다는 뜻으로 곧 상대방과 자신의 약점과 강점을 알아보고 승산이 있을 때 싸워야 이길 수 있다는 말.

進	jìn	ノ 亻 亻 亻 仁 件 隹 隹 隹 隹 淮 進　나아갈 진【辶】 -총12획
退	tuì	ㄱ ㅋ ㅋ 艮 艮 艮 艮 退 退 退　물러날 퇴【辶】 -총10획
維	wéi	一 丅 冂 币 币 币 兩 兩　벼리 유【糸】 -총14획
谷	gǔ	ノ 八 八 么 仌 谷 谷　골 곡【谷】 -총7획
此	cǐ	丨 卜 卜 止 止 此　이 차【止】 -총6획
日	rì	丨 冂 日 日　날 일【日】 -총4획
彼	bǐ	ノ ノ 彳 彳 彳 彼 彼 彼　저 피【彳】 -총8획
日	rì	丨 冂 日 日　날 일【日】 -총4획
借	jiè	ノ 亻 亻 仁 仕 併 併 借 借 借　빌릴 차【人】 -총10획
虎	hǔ	丨 卜 卢 卢 卢 虍 虏 虎　범 호【虍】 -총8획
威	wēi	丿 厂 厂 厂 反 反 威 威 威　위엄 위【女】 -총9획
狐	hú	ノ 犭 犭 犭 犭 狐 狐 狐　여우 호【犬】 -총8획

- 進退維谷 : 나아갈 길도 물러설 길도 없어 궁지에 몰림 = 進退兩難.
- 此日彼日 : 이날저날 하고 미루기만 한다.
- 借虎威狐 : 호랑이의 위세를 빌려 허세 부리는 여우라는 뜻으로 윗사람의 권위를 빌려 거짓 위세를 하는 자를 이르는 말. 남의 권세를 빌어 뽐내는 것을 비유한 말.

滄	cāng	푸를 창【水】-총13획
海	hǎi	바다 해【水】-총10획
一	yí	한 일【一】-총1획
粟	sù	조 속【米】-총12획
天	tiān	하늘 천【大】-총4획
高	gāo	높을 고【高】-총10획
馬	mǎ	말 마【馬】-총10획
肥	féi	살찔 비【肉】-총8획
千	qiān	일천 천【十】-총3획
慮	lǜ	생각할 려【心】-총15획
一	yì	한 일【一】-총1획
失	shī	잃을 실【大】-총5획

- 滄海一粟 : 넓고 깊은 바다에 떨어진 한 알의 좁쌀이란 뜻으로 매우 작아서 눈에 띄지 않거나 보잘 것 없는 존재.
- 天高馬肥 : 하늘은 높고 말은 살찐다는 뜻으로 가을에는 식욕이 왕성하여 살이 찐다는 것을 일컬음.
- 千慮一失 : 천 가지 생각 가운데 한 가지 실책이란 뜻으로 지혜로운 사람이라도 많은 생각을 하다 보면 하나쯤은 실책이 있을 수 있다는 말.

千 qiān	一 二 千　일천 천【十】-총3획
里 lǐ	丨 冂 日 日 旦 甲 里　마을 리【里】-총7획
眼 yǎn	丨 冂 月 月 目 目' 目ㄱ 目ヨ 眼 眼 眼　눈 안【目】-총11획
天 tiān	一 二 チ 天　하늘 천【大】-총4획
方 fāng	' 一 亏 方　모 방【方】-총4획
地 dì	一 十 土 圠 坤 地　땅 지【土】-총6획
軸 zhóu	一 厂 币 百 亘 亘 車 車 車丨 斬 軸 軸　굴대 축【車】-총12획
天 tiān	一 二 チ 天　하늘 천【大】-총4획
壤 rǎng	一 十 土 圹 圹 圹 圹 圹 圹 圹 圹 墉 墉 墉 壇 壇 壇 壤 壤 壤　흙 양【土】-총20획
之 zhī	' 亠 ㄅ 之　어조사 지【丿】-총4획
差 chā	丶 丷 ⺷ 羊 羊 羊 差 差 差 差　어긋날 차【工】-총10획

- 千里眼 : 北魏 莊帝 때 광주자사로 부임해 온 楊逸이 천 리를 내다보는 눈을 가지고 있기 때문에 그를 속일 수 없다고 부하들이 말했다는 고사에서 유래. 천 리 밖의 사물을 볼 수 있을 만큼 신비한 시력을 가진 눈. 또는 그런 눈을 가진 사람을 뜻함.
- 天方地軸 : 일의 앞뒤를 재어 보지도 않고 무턱대고 덤벼드는 것. 또는 너무 급해서 정신없이 날뛰는 모양.
- 天壤之差 : 어떤 것이 하늘과 땅처럼 엄청나게 차이가 있음을 말함.

한자	병음	훈·음
天	tiān	하늘 천【大】-총4획
佑	yòu	도울 우【人】-총7획
神	shén	귀신 신【示】-총10획
助	zhù	도울 조【力】-총7획
天	tiān	하늘 천【大】-총4획
衣	yī	옷 의【衣】-총6획
無	wú	없을 무【火】-총12획
縫	fèng	꿰맬 봉【糸】-총17획
千	qiān	일천 천【十】-총3획
載	zǎi	실을 재【車】-총13획
一	yí	한 일【一】-총1획
遇	yù	만날 우【辵】-총13획

- 天佑神助 : 하늘과 신령의 도움이라는 뜻으로 인간의 생각과 능력으로는 도저히 이루어질 수 없는 일과 상황이 순조롭게 잘 풀릴 때를 말함.
- 天衣無縫 : 인간이 전혀 손을 대지 않는 자연 그대로란 뜻으로 훌륭한 시나 글, 그림 등이 꾸밈없이 완전함을 말함.
- 千載一遇 : 천년에 한 번 만날 수 있는 기회란 뜻으로 좀처럼 만나기 어려운 기회를 이르는 말.

千	qiān	일천 천【十】-총3획
篇	piān	책 편【竹】-총15획
一	yí	한 일【一】-총1획
律	lǜ	법칙 률【彳】-총9획
徹	chè	통할 철【彳】-총15획
頭	tóu	머리 두【頁】-총16획
徹	chè	통할 철【彳】-총15획
尾	wěi	꼬리 미【尸】-총7획
鐵	tiě	쇠 철【金】-총21획
面	miàn	낯 면【面】-총9획
皮	pí	가죽 피【皮】-총5획

- 千篇一律 : 천 편이나 되는 글이 오로지 한 가지 운율로만 되어 있다는 뜻으로 시문들이 모두 비슷한 글귀나 형식으로만 되어 있어 참신한 맛이 없음을 가리킴. 사물이 모두 판에 박은 듯이 똑같아 새롭거나 독특한 개성이 없고 재미가 없음.
- 徹頭徹尾 : 머리에서 꼬리까지 통한다는 뜻으로 처음부터 끝까지 방침을 바꾸지 않고, 생각을 철저히 관철함을 이르는 말.
- 鐵面皮 : 얼굴에 철판을 깐 듯 수치를 몰라 부끄러워할 줄 모르는 사람=厚顔無恥.

轍	zhé	바퀴자국 철【車】－총19획
鮒	fù	붕어 부【魚】－총16획
之	zhī	어조사 지【丿】－총4획
急	jí	급할 급【心】－총9획
鐵	tiě	쇠 철【金】－총21획
中	zhōng	가운데 중【丨】－총4획
錚	zhēng	쇳소리 쟁【金】－총16획
錚	zhēng	쇳소리 쟁【金】－총16획
青	qīng	푸를 청【青】－총8획
天	tiān	하늘 천【大】－총4획
白	bái	흰 백【白】－총5획
日	rì	날 일【日】－총4획

- 轍鮒之急 : 철부는 수레바퀴 자국 속의 붕어로서 그 자국 만큼의 물만 있어도 살 수 있는 처지라는 말로 다급한 위기, 곤궁한 처지를 비유하는 말.
- 鐵中錚錚 : 여러 쇠붙이 가운데에서 유난히 맑은 소리를 낸다는 뜻. 평범한 사람들 가운데에서 특별히 뛰어난 뛰어난 사람을 이르는 말.
- 青天白日 : 푸른 하늘에 쨍쨍하게 빛나는 해, 맑게 갠 대낮. 뒤가 깨끗한 일, 죄가 판명되어 무죄가 되는 일을 비유하기도 함.

青	qíng	푸를 청【靑】-총8획
天	tiān	하늘 천【大】-총4획
霹	pī	벼락 벽【雨】-총21획
靂	lì	벼락 력【雨】-총24획
青	qīng	푸를 청【靑】-총8획
出	chū	날 출【凵】-총5획
於	yú	어조사 어【方】-총8획
藍	lán	쪽 람【艸】-총18획
寸	cùn	마디 촌【寸】-총3획
鐵	tiě	쇠 철【金】-총21획
殺	shā	죽일 살【殳】-총11획
人	rén	사람 인【人】-총2획

- 青天霹靂 : 맑게 갠 하늘의 벼락. 갑자기 일어난 큰 사건이나 이변, 또는 생각지 않았던 무서운 일.
- 青出於藍 : 쪽(藍)에서 나온 푸른 물감이 쪽빛보다 더 푸르다는 뜻으로 제자가 스승보다 더 나음을 이르는 말.
- 寸鐵殺人 : 한 치의 쇠로 사람을 죽인다는 뜻. 짤막한 경구로 사람의 마음을 크게 뒤흔듦.

癡	chī	어리석을 치【疒】-총19획
人	rén	丿人 사람 인【人】-총2획
說	shuō	말씀 설【言】-총14획
夢	mèng	꿈 몽【夕】-총14획
七	qī	一七 일곱 칠【一】-총2획
去	qù	一十土去去 갈 거【厶】-총5획
之	zhī	丶亠ㄋ之 어조사 지【丿】-총4획
惡	è	악할 악【心】-총12획
七	qī	一七 일곱 칠【一】-총2획
步	bù	丨卜止止步步步 걸음 보【止】-총7획
之	zhī	丶亠ㄋ之 어조사 지【丿】-총4획
才	cái	一寸才 재주 재【手】-총3획

- 癡人說夢 : 어리석은 사람에게 꿈 이야기를 해줌. 어리석은 일을 비유하거나 이야기가 상대방에게 이해되지 않음의 비유.
- 七去之惡 : 유교에서 아내를 내쫓는 일곱 가지 조건. 곧, 시부모에게 순종하지 않는 것(不順舅姑), 자식을 못 낳는 것(無子), 행실이 음탕한 것(淫行), 질투하는 것(嫉妒), 나쁜 병이 있는 것(惡疾), 말이 많은 것(口舌), 도둑질하는 것(盜竊).
- 七步之才 : 일곱 걸음을 옮기는 사이에 시를 지을 수 있는 재주라는 뜻으로 아주 뛰어난 글재주를 이르는 말.

七 qī	一七 일곱 칠【一】-총2획
顚 diān	엎어질 전【頁】-총19획
八 bā	丿八 여덟 팔【八】-총2획
起 qǐ	일어날 기【走】-총10획
七 qī	一七 일곱 칠【一】-총2획
縱 zòng	놓을 종【糸】-총17획
七 qī	一七 일곱 칠【一】-총2획
擒 qín	사로잡을 금【手】-총16획
針 zhēn	바늘 침【金】-총10획
小 xiǎo	亅小小 작을 소【小】-총3획
棒 bàng	몽둥이 봉【木】-총12획
大 dà	一ナ大 클 대【大】-총3획

- 七顚八起 : 일곱 번 넘어지고 여덟 번 일어난다는 뜻. 여러 번 실패하여도 굽히지 않고 꾸준히 노력함.
- 七縱七擒 : 諸葛孔明이 孟獲을 일곱 번 놓아주고 일곱 번 사로잡았다는 데서 유래하여 상대방을 마음대로 다루름을 뜻함. '擒'은 '禽'으로도 쓰인다.
- 針小棒大 : 작은 바늘을 큰 몽둥이로 말하듯이 작은 것을 과장해서 말함.

他 tā	丿亻仂仲他 다를 타 【人】 – 총5획
山 shān	丨山山 메 산 【山】 – 총3획
之 zhī	丶亠ㄅ之 어조사 지 【丿】 – 총4획
石 shí	一ㄏ不石石 돌 석 【石】 – 총5획
卓 zhuō	丨⺊广占卢卣直卓 탁자 탁 【十】 – 총8획
上 shàng	丨卜上 위 상 【一】 – 총3획
空 kōng	丶丷宀宂穴空空空 빌 공 【穴】 – 총8획
論 lùn	丶二三言言言言訁訡訡訡詥論論論 의논할 론 【言】 – 총15획
坦 tǎn	一十土圠坦坦坦坦 평평할 탄 【土】 – 총8획
坦 tǎn	一十土圠坦坦坦坦 평평할 탄 【土】 – 총8획
大 dà	一ナ大 클 대 【大】 – 총3획
路 lù	丨口口早早⻊⻊⻊趵跤路路路 길 로 【足】 – 총13획

- 他山之石 : 다른 산에서 난 거칠고 쓸모없는 돌도 자기의 구슬을 가는 데 쓸모가 있다는 뜻으로 다른 사람의 하찮은 언행일지라도 자신의 덕을 닦는 데 도움이 된다는 말.
- 卓上空論 : 현실성이 없는 허황한 말이나 의론.
- 坦坦大路 : 평평하고 넓은 큰 길, 장래가 어려움이 없이 순탄함을 이르는 말.

貪 tān	탐할 탐【貝】-총11획
官 guān	벼슬 관【宀】-총8획
汚 wū	더러울 오【水】-총6획
吏 lì	관리 리【口】-총6획
貪 tān	탐할 탐【貝】-총11획
天 tiān	하늘 천【大】-총4획
之 zhī	어조사 지【丿】-총4획
功 gōng	공 공【力】-총5획
泰 tài	클 태【水】-총10획
山 shān	메 산【山】-총3획
北 běi	북녘 북【匕】-총5획
斗 dǒu	말 두【斗】-총4획

- 貪官汚吏 : 욕심이 많고 행실이 깨끗하지 못한 관리.
- 貪天之功 : 하늘의 공을 탐한다는 뜻으로 남의 공을 도용함을 비유하여 이르는 말.
- 泰山北斗 : 태산과 북두칠성. 곧 권위자, 제일인자. 학문·예술 분야의 대가 등, 세상 사람들로부터 우러름을 받거나 가장 존경받는 사람.

兎	tù	토끼 토【儿】-총7획
死	sǐ	죽을 사【歹】-총6획
狗	gǒu	개 구【犬】-총8획
烹	pēng	삶을 팽【火】-총11획
破	pò	깨뜨릴 파【石】-총10획
鏡	jìng	거울 경【金】-총19획
重	chóng	무거울·거듭할 중【里】-총9획
圓	yuán	둥글 원【口】-총13획
破	pò	깨뜨릴 파【石】-총10획
瓜	guā	오이 과【瓜】-총5획
之	zhī	어조사 지【丿】-총4획
年	nián	해 년【干】-총6획

- 兎死狗烹 : 토끼 사냥이 끝나면 사냥개는 삶아 먹힌다는 뜻으로 곧 쓸모가 있을 때는 긴요하게 쓰이다가 쓸모가 없어지면 헌신짝처럼 버려진다는 말.
- 破鏡重圓 : 깨진 거울이 다시 둥근 모습을 되찾았다는 뜻. 생이별한 부부가 다시 결합한다는 말.
- 破瓜之年 : 瓜를 破字하면 八이 두 개가 되므로 여자의 나이 16세를 이르는 말. 두 개의 八을 더하면 16이 되기도 한다. 또 남자의 나이 64세를 이르는 말로 두 개의 八을 곱하면 64가 되기 때문임.

波 bō	물결 파【水】–총9획
瀾 lán	물결 란【水】–총20획
萬 wàn	일만 만【艸】–총13획
丈 zhàng	一ナ丈 열 자 장【一】–총3획
破 pò	깨뜨릴 파【石】–총10획
邪 xié	간사할 사【邑】–총7획
顯 xiǎn	나타날 현【頁】–총23획
正 zhèng	一丅下正正 바를 정【止】–총5획
破 pò	깨뜨릴 파【石】–총10획
竹 zhú	대 죽【竹】–총6획
之 zhī	어조사 지【丿】–총4획
勢 shì	형세 세【力】–총13획

- 波瀾萬丈 : 생활이나 일의 진행에서 여러 가지 곡절이 많고 변화가 심함.
- 破邪顯正 : 잘못된 것을 깨뜨리고 올바른 것을 드러냄.
- 破竹之勢 : 대나무를 쪼개는 것 같은 기세라는 뜻으로 감히 대적할 수 없을 정도로 막힘없이 무찔러 나아가는 맹렬한 기세를 말함.

破	pò	깨뜨릴 파【石】-총10획
天	tiān	하늘 천【大】-총4획
荒	huāng	거칠 황【艸】-총10획
敗	bài	패할 패【攴】-총11획
家	jiā	집 가【宀】-총10획
亡	wáng	망할 망【亠】-총3획
身	shēn	몸 신【身】-총7획
平	píng	평평할 평【干】-총5획
地	dì	땅 지【土】-총6획
風	fēng	바람 풍【風】-총9획
波	bō	물결 파【水】-총9획

- 破天荒 : 종래에 남들이 하지 못했던 일을 솔선하여 함. 천지개벽 이전의 혼돈한 상태를 깨뜨려 연다는 뜻으로 이제까지 아무도 하지 않은 일을 행함을 이르는 말. 또 進士에 급제한 사람을 이름.
- 敗家亡身 : 가산을 탕진하고 몸을 망침.
- 平地風波 : 평평한 땅에 바람이 인다는 뜻으로 뜻하지 않은 분쟁이 일어나는 것을 말함.

抱 bào	안을 포【手】-총8획
腹 fù	배 복【肉】-총13획
絶 jué	끊을 절【糸】-총12획
倒 dǎo	거꾸러질 도【人】-총10획
布 bù	베 포【巾】-총5획
衣 yī	옷 의【衣】-총6획
之 zhī	어조사 지【丿】-총4획
交 jiāo	사귈 교【亠】-총6획
暴 bào	사나울 포【日】-총15획
虎 hǔ	범 호【虍】-총8획
馮 féng	물 건널·기댈 빙【水】-총13획
河 hé	물 하【水】-총8획

- 抱腹絶倒 : 배를 끌어안고 넘어질 정도로 몹시 웃음=捧腹絶倒.
- 布衣之交 : 선비 시절에 사귄 벗.
- 暴虎馮河 : 맨손으로 호랑이를 잡고 걸어서 황하를 건넌다는 뜻으로 아무런 계획없는 무모한 용기와 행동.

表	biǎo	겉 표【衣】-총8획
裏	lǐ	속 리【衣】-총13획
不	bù	아니 부【一】-총4획
同	tóng	한가지 동【口】-총6획
風	fēng	바람 풍【風】-총9획
飛	fēi	날 비【飛】-총9획
雹	báo	우박 박【雨】-총13획
散	sàn	흩을 산【攴】-총12획
風	fēng	바람 풍【風】-총9획
聲	shēng	소리 성【耳】-총17획
鶴	hè	학 학【鳥】-총21획
唳	lì	울 려【口】-총11획

- 表裏不同 : 겉과 속이 같지 않음이란 뜻으로 마음이 음충맞아서 겉과 속이 다름.
- 風飛雹散 : 사람의 잘못이나 자연 현상으로 인해 입은 재난으로 말미암아 가족이나 재산이 한꺼번에 없어지거나 흩어지는 모양을 말함.
- 風聲鶴唳 : 바람과 울음 소리란 뜻으로 겁을 먹은 사람이 하찮은 일이나 작은 소리에도 몹시 놀람의 비유.

風	fēng	바람 풍【風】－총9획
樹	shù	나무 수【木】－총16획
之	zhī	어조사 지【丿】－총4획
嘆	tàn	탄식할 탄【口】－총14획
風	fēng	바람 풍【風】－총9획
前	qián	앞 전【刀】－총9획
燈	dēng	등잔 등【火】－총16획
火	huǒ	불 화【火】－총4획
匹	pǐ	필·짝 필【匸】－총4획
夫	fū	지아비 부【大】－총4획
之	zhī	어조사 지【丿】－총4획
勇	yǒng	날랠 용【力】－총9획

- 風樹之嘆 : 부모님이 돌아가시어 효도를 하고 싶어도 할 수 없음을 탄식한다는 말.
- 風前燈火 : 바람 앞의 등잔불이라는 뜻으로 사정이 매우 위태로움을 말함.
- 匹夫之勇 : 생각없이 날뛰는 소인의 용기라는 뜻으로 소인들이 자신의 혈기만 믿고 함부로 덤비는 것을 말함.

下	xià	一丅下 아래 하【一】－총3획
石	shí	一丆丆石石 돌 석【石】－총5획
上	shàng	丨⺊上 위 상【一】－총3획
臺	tái	집 대【至】－총14획
鶴	hè	학 학【鳥】－총21획
首	shŏu	머리 수【首】－총9획
苦	kŭ	쓸 고【++】－총9획
待	dài	기다릴 대【彳】－총9획
涸	hé	마를 학【水】－총11획
轍	chè	바퀴자국 철【車】－총19획
鮒	fù	붕어 부【魚】－총16획
魚	yú	고기 어【魚】－총11획

- 下石上臺 : 일이 급할 때 임시변통으로 이리저리 둘러맞추어 일하거나 행함을 이르는 말. ‘아랫돌 빼서 윗돌 괴고, 윗돌 빼서 아랫돌 괴기’와 같은 말.
- 鶴首苦待 : 애타게 기다리는 것. 학처럼 목을 길게 빼고 기다린다는 뜻으로 몹시 기다림을 이르는 말.
- 涸轍鮒魚 : 수레바퀴 자국에 괸 물에 있는 붕어란 뜻으로 매우 위급한 경우에 처했거나 몹시 고단하고 옹색함의 비유.

邯 hán	一 十 卄 廿 甘 甘' 甘3 邯 땅 이름 한【邑】－총8획
鄲 dān	' ㅁ ㅁ ㅁ ㅁ ㅁ 罒 冐 胃 單 單 單 單' 單3 鄲 땅 이름 단【邑】－총15획
之 zhī	' ㅗ 之 之 어조사 지【丿】－총4획
夢 mèng	一 十 卄 艹 芇 芇 芇 苎 茜 苗 萬 萬 夢 夢 꿈 몽【夕】－총14획
邯 hán	一 十 卄 廿 甘 甘' 甘3 邯 땅 이름 한【邑】－총8획
鄲 dān	' ㅁ ㅁ ㅁ ㅁ ㅁ 罒 冐 胃 單 單 單 單' 單3 鄲 땅 이름 단【邑】－총15획
之 zhī	' ㅗ 之 之 어조사 지【丿】－총4획
步 bù	ㅣ ㅏ 止 止 步 步 步 걸음 보【止】－총7획
汗 hàn	` ` 氵 氵 汗 汗 땀 한【水】－총6획
牛 niú	ノ ㅏ 二 牛 소 우【牛】－총4획
充 chōng	' 亠 七 充 充 充 채울 충【儿】－총5획
棟 dòng	一 十 木 木 木 杧 柜 柜 柜 棟 棟 棟 용마루 동【木】－총12획

- 邯鄲之夢 : 한단에서 꾼 꿈이라는 뜻으로 인생의 덧없음과 영화의 헛됨을 비유.
- 邯鄲之步 : 자기 것도 잃음. 한단에서 걸음걸이를 배운다는 뜻으로 제 분수를 잊고 무턱대고 남을 흉내내다 이것저것 다 잃음을 비유하여 이르는 말.
- 汗牛充棟 : 짐으로 실으면 소가 땀을 흘리고, 쌓으면 들보에까지 미친다는 뜻. 책이 매우 많음을 이르는 말.

偕 xié	함께 해【人】－총11획
老 lǎo	늙은이 로【老】－총6획
同 tóng	한가지 동【口】－총6획
穴 xué	구멍 혈【穴】－총5획
咸 xián	다 함【口】－총9획
興 xīng	일 흥【臼】－총16획
差 chāi	어긋날 차【工】－총10획
使 shǐ	하여금 사【人】－총8획
懸 xuán	매달 현【心】－총20획
河 hé	물 하【水】－총8획
之 zhī	어조사 지【丿】－총4획
辯 biàn	말잘할 변【辛】－총21획

- 偕老同穴：살아서는 같이 늙고 죽어서는 같은 무덤에 묻힌다는 뜻으로 삶과 죽음을 같이 할 부부의 맹세를 말함.
- 咸興差使：조선조 태조가 태종에게 왕위를 물려주고 함흥에 있을 때 태종이 보낸 차사를 혹은 죽이거나 혹은 잡아 가두어 돌려보내지 않았다는 고사에서 유래. 심부름을 가서 돌아오지 않거나 아무 소식이 없음을 비유하는 말.
- 懸河之辯：도도히 흐르는 물과 같이 거침없이 잘하는 말＝懸河・懸河雄辯・懸河口辯.

螢	yíng	개똥벌레 형【虫】－총16획
雪	xuě	눈 설【雨】－총11획
之	zhī	어조사 지【丿】－총4획
功	gōng	공 공【力】－총5획
狐	hú	여우 호【犬】－총8획
假	jiǎ	거짓 가【人】－총11획
虎	hǔ	범 호【虍】－총8획
威	wēi	위엄 위【女】－총9획
好	hǎo	좋을 호【女】－총6획
事	shì	일 사【亅】－총8획
多	duō	많을 다【夕】－총6획
魔	mó	마귀 마【鬼】－총21획

- 螢雪之功 : 반딧불과 흰 눈의 빛으로 공부하여 뜻을 이룬다는 말로 가난과 어려움을 견디며 열심히 공부하여 성공한 것을 이름.
- 狐假虎威 : 여우가 호랑이의 위세를 빌려 호기를 부린다는 뜻으로 실력도 없으면서 남의 권세를 빌어 위세를 부림.
- 好事多魔 : 좋은 일에는 마귀가 많다는 뜻으로 좋은 일이 있을 때는 방해가 되는 일이 많다는 말.

虎	hǔ	범 호【虍】−총8획
視	shì	볼 시【見】−총12획
眈	dān	즐길 탐 【耳】−총10획
眈	dān	즐길 탐 【耳】−총10획
浩	hào	넓을 호【水】−총10획
然	rán	그러할 연【火】−총12획
之	zhī	어조사 지【丿】−총4획
氣	qì	기운 기【气】−총10획
胡	hú	오랑캐 호【肉】−총9획
蝶	dié	나비 접【虫】−총15획
之	zhī	어조사 지【丿】−총4획
夢	mèng	꿈 몽【夕】−총14획

- 虎視眈眈 : 범이 사나운 눈초리로 먹이를 노려본다는 뜻으로 날카로운 눈초리로 형세를 노려보는 것을 말함.
- 浩然之氣 : 하늘과 땅 사이에 가득 찬 넓고도 큰 원기. 마음을 비워서 욕심이 없고 바르며 공명정대하여 조금도 부끄러워할 것이 없는 것. 사물에서 해방되어 자유롭고 즐거운 마음. 『孟子』.
- 胡蝶之夢 : 나비가 된 꿈. 物我一體의 경지나 인생의 덧없음을 비유함=蝴蝶之夢.

魂	hún	넋 혼【鬼】-총14획
飛	fēi	날 비【飛】-총9획
魄	pò	넋 백【鬼】-총15획
散	sàn	흩을 산【攴】-총12획
昏	hūn	어두울 혼【日】-총8획
定	dìng	정할 정【宀】-총8획
晨	chén	새벽 신【日】-총11획
省	xǐng	살필 성【目】-총9획
紅	hóng	붉을 홍【糸】-총9획
一	yì	한 일【一】-총1획
點	diǎn	점 점【黑】-총17획

- 魂飛魄散 : 혼백이 이리저리 흩어진다는 뜻. 몹시 놀라 넋을 잃음.
- 昏定晨省 : 저녁에는 이부자리를 살피고 아침에는 자리를 돌아본다는 뜻으로 자식이 아침저녁으로 부모님께 안부를 여쭈어 살펴드리는 것을 말함.
- 紅一點 : 많은 남자들 틈에 오직 하나뿐인 여자. 여럿 가운데서 오직 하나 이채를 띠는 것이나 여러 하찮은 것 가운데 단 하나 우수한 것을 가리킴.

한자	발음	필순	뜻·음
和	hé	ノ 二 千 禾 禾 和 和 和	화할 화【口】-총8획
光	guāng	ｌ ⺌ ⺌ 业 光 光	빛 광【儿】-총6획
同	tóng	｜ 冂 冂 同 同 同	한가지 동【口】-총6획
塵	chén	丶 亠 广 户 户 声 声 声 声 鹿 鹿 鹿 塵 塵	티끌 진【土】-총14획
畵	huà	㇕ ⺕ ⺕ ⺕ 聿 聿 聿 書 書 書 畵 畵 畵	그림 화【田】-총13획
龍	lóng	丶 亠 亠 立 立 产 音 音 音 音 龍 龍 龍 龍 龍 龍	용 룡【龍】-총16획
點	diǎn	｜ 冂 冂 冈 冈 罒 里 里 里 里 黑 黑 黑 點 點 點 點	점 점【黑】-총17획
睛	jīn	｜ 冂 冃 目 目 盯 盯 眭 眭 睛 睛 睛 睛	눈동자 정【目】-총13획
華	huá	一 十 廾 廾 芒 芒 芒 芒 苹 華 華 華	빛날 화【艸】-총12획
胥	xū	一 丆 下 疋 疋 疋 胥 胥 胥	서로 서【肉】-총9획
之	zhī	丶 亠 ㇇ 之	어조사 지【丿】-총4획
夢	mèng	一 十 廾 廾 芇 苜 苜 苜 苜 苜 苜 夢 夢 夢	꿈 몽【夕】-총14획

- 和光同塵 : 빛을 부드럽게 하여 더러움과 함께 한다는 뜻. 자기의 지혜와 재덕을 자랑함없이 오히려 그 지혜와 덕을 부드럽게 하여 속세의 티끌에 동화함을 말함. 부처나 보살이 중생을 제도하기 위하여 속인과 섞여 행동하는 일.
- 畵龍點睛 : 용의 눈동자를 그려 넣는다. 사물의 가장 중요한 부분을 완성시킬 때나 작은 것으로 전체가 돋보이고 활기를 띠며 살아나는 것을 비유.
- 華胥之夢 : 화서의 꿈이란 뜻으로 좋은 꿈이나 낮잠을 이르는 말.

和	hé	화할 화【口】－총8획
氏	shì	씨 씨【氏】－총4획
之	zhī	어조사 지【丿】－총4획
璧	bì	둥근 옥 벽【玉】－총18획
換	huàn	바꿀 환【手】－총12획
骨	gǔ	뼈 골【骨】－총10획
奪	duó	빼앗을 탈【大】－총14획
胎	tāi	태 태【肉】－총9획
膾	kuài	날고기 회【肉】－총17획
炙	zhì	구운 고기 자【火】－총8획
效	xiào	본받을 효【攴】－총10획
顰	pín	찡그릴 빈【頁】－총24획

- 和氏之璧 : 천하 名玉의 이름＝完璧.
- 換骨奪胎 : 뼈대를 바꾸어 끼고 胎를 바꾸어 쓴다는 뜻. 古人의 시문 형식을 약간 바꾸어 意趣를 새롭게 하는 일. 혹은 용모가 환하게 트이고 아름다워져 전혀 딴 사람처럼 되는 것.
- 膾炙 : 날고기 회와 구운 고기. 널리 칭찬받으며 사람들의 입에 오르내림을 이름.
- 效顰 : 越나라의 미인 西施가 지병으로 눈살을 찌푸리자, 추녀가 그것을 흉내내어 더 추해 보였다는 옛일에서 무턱대고 남을 흉내냄을 이르는 말＝西施顰目.

孝 xiào	一 十 土 耂 耂 孝 孝 효도 효【子】－총7획
悌 tì	丶 丶 忄 忄 忄 忄 悌 悌 悌 悌 공경할 제【心】－총10획
忠 zhōng	丨 口 口 中 中 忠 忠 忠 충성 충【心】－총8획
信 xìn	丿 亻 亻 亻 信 信 信 信 信 믿을 신【人】－총9획
後 hòu	丿 彳 彳 彳 彳 後 後 後 後 뒤 후【彳】－총9획
生 shēng	丿 𠂉 仁 牛 生 날 생【生】－총5획
可 kě	一 丆 可 可 可 옳을 가【口】－총5획
畏 wèi	丨 冂 日 田 田 畏 畏 畏 畏 두려울 외【田】－총9획
興 xìng	興 (16획 필순) 일 흥【臼】－총16획
盡 jìn	盡 (14획 필순) 다할 진【皿】－총14획
悲 bēi	丿 丿 习 习 非 非 非 非 非 悲 悲 悲 슬플 비【心】－총12획
來 lái	一 ア 丆 ス ス 來 來 來 올 래【人】－총8획

- 孝悌忠信 : 부모에게 효도하고 형에게 순종하며 임금에게 충성하고 벗에게 신의를 지키는 일로 군자가 지켜야 할 덕목을 이름.
- 後生可畏 : 젊은 후배들은 두려워할 만하다는 뜻으로 곧 젊은 후배들은 先人(先生)의 가르침을 배워 장차 무한한 발전의 가능성이 있으니 가히 두렵다는 말.
- 興盡悲來 : 즐거운 일이 다하면 슬픈 일이 옴. 곧 흥망성쇠가 엇바뀜을 가리키는 말↔苦盡甘來.

찾아보기

■ 저자 약력

● 상기숙

서울 출생
경희대학교 국어국문학과 졸업
동 교육대학원 국어교육학과 교육학석사 및 대학원 국어국문학과 문학석사
홍콩 遠東大學 文史硏究所(중국문학 전공) 문학박사
일본 히로시마여자대학 객원연구원 역임
현재 한서대학교 중국학과 교수

논저

「『紅樓夢』에 나타난 中國歲時風俗」, 「고대문헌을 통해 본 중국민속」
「小說と民俗硏究－『紅樓夢』『玩月會盟宴』·『家』の家族生活に見る－」
〔原典譯註〕『剪燈神話』
「『紅樓夢』 和 『玩月會盟宴』 的占卜信仰比較」
「中國 淸代의 歲時風俗 考察」, 「中國 上古巫의 考察」
「『搜神記』에 나타난 中國占卜信仰」, 「『玩月會盟宴』 所見的韓國傳統家庭敎育」
「中國 道敎女仙의 諸 樣相 考察」
「中國 古代의 求子習俗 考察」, 「中國 民俗文化의 姙娠禁忌 考察」, 「中國 民俗文化의 出産禁忌 考察」, 「中國 民俗文化의 幼兒禁忌 考察」
「臺灣媽祖信仰之淵源及特點硏究」
『韓國의 占卜』(공저), 『荊楚歲時記』(역저), 『實用大學漢字』(공 편저)
『古典作家作品의 理解』(공저), 『고전산문교육의 이론』(공저)
『중국명시감상』(공저), 『세계의 고전을 읽는다』 1 (공저)
『인간과 신령을 잇는 상징, 巫具－충청도』(공저)
『夢遊桃源圖 贊詩文』(역저)
그 외 다수

● 한운진

경희대학교 국어국문학과 졸업
대만 불광산총림학원 졸업
한서대학교 정보산업대학원 외국어학과(중국어 전공) 문학석사
고려대학교 대학원 중어중문학과 박사과정수료
대한불교 조계종 포교원 국제포교사 중국어반 담임강사
현재 한서대학교 중국학과 강사

논저

「『紅樓夢』의 女性民俗硏究」
「一葉禪師의 出家와 修行」
「韓國的敦煌學槪況」, 『中韓日三國語言文化的共性與個性』(공저)
『한국 비구니의 수행과 삶』(공저)
『한국 현대문학과 불교』(공저)
『권수정혜결사문』(역저)

한자쓰기연습
사자성어를 중심으로

1판 1쇄 발행 _ 2010년 3월 10일
1판 3쇄 발행 _ 2013년 8월 20일

저　　자 • 상기숙 · 한운진
발 행 인 • 정 현 걸
발　　행 • 신 아 사
인　　쇄 • 예지인쇄
출판등록 • 1956년 1월 5일(제9–52호)
주　　소 • 서울특별시 은평구 녹번동 28-36번지 2F
전　　화 • 02) 382-6411　팩 스 02) 382-6401
홈페이지 • www.shinasa.co.kr
E – MAIL • shinasa@daum.net

ISBN 978-89-8396-682-7(93720)

정가 *9,000* 원